西南水文化

XINAN SHUI WENHUA

（第一辑）

程得中 侯 新 王 燕 主编

華中师範大学出版社

新出图证(鄂)字 10 号

图书在版编目(CIP)数据

西南水文化. 第一辑/程得中,侯新,王燕主编. —武汉:华中师范大学出版社,2019.9
ISBN 978-7-5622-8824-4

Ⅰ. ①西… Ⅱ. ①程… ②侯… ③王… Ⅲ. ①水—文化—西南地区—文集
Ⅳ. ①K928.4-53

中国版本图书馆 CIP 数据核字(2019)第 226417 号

西南水文化(第一辑)

©程得中　侯　新　王　燕　主编

责任编辑:胡小忠　　**责任校对:**刘　峥　　**封面设计:**罗明波

编 辑 室:第一分社　　**电话:**027—67867317

出版发行:华中师范大学出版社

社址:湖北省武汉市洪山区珞喻路 152 号　　**邮编:**430079

电话:027—67863426(发行部)　027—67861321(邮购)

传真:027—67863291

网址:http://press.ccnu.edu.cn　　**电子邮箱:**press@mail.ccnu.edu.cn

印刷:武汉市洪林印务有限公司　　**督印:**刘　敏

字数:174 千字

开本:787mm×1092mm　1/16　　**印张:**8.5

版次:2021 年 12 月第 1 版　　**印次:**2021 年 12 月第 1 次印刷

定价:39.00 元

欢迎上网查询、购书

卷首语

生态文明新时代的西南水文化

20世纪80年代末，在全民文化热中，“水文化”概念在水利行业中产生出来，90年代以来，陆续成立了一些水文化研究会，并组织了一些水文化的交流研讨。随着世界范围内水资源、水生态面临的巨大危机，水文化逐渐跨出行业，被更多的有识之士认识并接受。党的十八大明确提出大力推进生态文明建设，努力建设美丽中国，实现中华民族永续发展。水生态文明作为生态文明的重要组成部分，日益受到社会各界的广泛关注。为贯彻落实十八大精神，2012年水利部发布《水文化建设规划纲要（2013—2020）》，明确提出水文化的发展规划，推动了水文化研究的繁荣。

生态文明新时代的到来，促进了水文化研究的蓬勃发展，但在研究的深度和面向社会的宣传普及程度上尚有待加强。目前，水文化还不是一个被国际上广泛认可的独立学科或领域，但世界上不同国家的学者和各种组织从不同角度、不同学科关注水和相关文化的关系，注重将文化元素融入水资源管理、水环境及水利工程建设，由此凸显出水文化在应对水危机、气候变化、环境变化等问题中的价值和作用。在此背景下，把水文化作为一个独立的学科或者领域已成大势所趋。

一、水文化的研究对象、任务及学科性质

将水文化本体与文学、历史学、考古学、社会学、美学、哲学、人类学、民俗学、园林风景学等学科进行融合，在当前学术壁垒林立、未整合多学科视角的情况下，创造性地建立独立、完整的水文化学科体系有利于全面深入推进水文化的研究与应用。

水文化如能作为一门独立的学科，必然要有其鲜明的研究对象、任务及学科性质。下面就这一个问题进行探讨，求教于方家。

第一，水文化的研究对象是社会发展进程中人类与水的互动关系，即对水的知识、信仰、道德、法律、习俗以及其他与水有关的精神产品。具体包括历代哲人关于水的哲学思想、历代文人雅士对于水的吟咏歌颂、历代史家对于人类与水关系的记载、历代画家及能工巧匠与水相关的艺术作品、历代民众对于水的信仰崇拜、各民族对于水的信仰及习俗，以及与水相关的景观设计、旅游管理、遗产保护、法律法规等。

当然，有关水的研究，其他学科也有涉及，比如化学、水资源、水环境、水工程、水土保持等，但这些学科有的研究物质形态的水，有的研究与水相关的环境或工程，其研究对象属于自然科学领域的水。此外，虽然也从人文科学角度进行的研究，比如哲学研究中的某些以水为喻的哲学思想、文学研究中的山水诗、史学研究中的水利史，这些是从各自专业视角出发的研究，对水文化只是偶然涉及，其实还是属于本学科领域的研究。水文化之所以区别于上述学科，就是在研究对象上建立了水文化研究的主体意识，以文化自身为视角进行系统、深入的研究。

第二，水文化的任务是通过研究，系统地揭示有关治水利水的经验智慧、文学审美、历史实践、艺术作品等知识成果和哲学思想、宗教信仰、生活习俗等观念意识形态，以丰富人类的精神文明成果。另外，把这些知识成果、观念意识应用于景观设计、旅游管理、遗产保护等社会实践，可以对这些社会实践起到指导作用，让其更好地服务于经济社会发展。

第三，水文化的学科性质是以探讨观念意识形态为主题的人文社会科学。作为一门人文社会科学，具有精神信仰价值和艺术审美性、实践应用性特点。水文化中的水哲学、水信仰、水习俗反

映了不同时期人们对水的精神信仰、观念意识形态，具有精神性、信仰性特点。水文化中的文学审美、艺术作品、历史实践等知识成果反映了人们对水的精神审美、改造利用，具有艺术性、审美性特点。水文化中的水景观设计、水遗产保护等属于水文化的实践应用，具有指导性、实践性特点。

二、水文化的学科体系

水文化学科体系是由水文化各分支学科构成的有机整体，但它又不是各学科的简单累积或叠加，而是有关水的各学科的有机结合。水文化融合了与水相关的哲学、文学、历史学、艺术学、宗教学等以人类精神为研究对象，研究人的本质、价值的人文科学，以及人类学、民族学、民俗学、法学、景观设计、旅游管理、遗产保护等以社会现象为研究对象，研究与阐述各种社会现象及其发展规律的社会科学。因此可以说，水文化是一门融合与水相关的人文社会科学的综合学科，具体包括以下三类：

（一）关于水的哲学思想、宗教信仰、生活习俗等观念意识形态

1.“上善若水”的哲学思想

水哲学是指古今中外的哲学家关于水的哲学思想。古希腊哲学家把“水”列为宇宙四大要素之一，认为水是宇宙之源。古希腊智者赫拉克利特认为“人不能两次踏入同一条河流”，以水之流动阐述运动的绝对性。中国古代哲人更是对水情有独钟，先秦诸子对水都有精辟论述：儒家将水看作智慧的化身；道家称赞“上善若水”，水几乎接近宇宙最高规律和准则的道；兵家从水身上学习行军用兵之道；阴阳五行家认为大自然由五种要素所构成，即金、木、水、火、土，五行相生相克，其中的水主智。围绕水也有诸多辩论，最著名的是孟子和告子之间关于人性善恶的辩论，告子以水的无分东西比喻人性无善恶之分，孟子却以水的流动可以受到外力作用发生改变比喻人性可以因为环境而改变，从而有善恶之分。

2. 治水兴农的水崇拜和信仰

水是农耕社会最重要的自然资源，因此在中国这个以农业立国的国度里，水崇拜便一直绵延不绝。先民创造了各种各样的水神，形成了庞大但又杂乱的水神家族。其中，既有治水英雄大禹，又有水怪无支祁；既有面目狰狞的雷神，又有美丽的汉江二妃；既有贪婪的河伯，又有善良的巫山神女。总而言之，呈现出一派生机勃勃的人间世态。根据其社会学功能，水神崇拜可分为自然之神崇拜与治水之神崇拜两大类。前者源于对江河湖泊以及水旱灾害的敬畏。龙、牛是民俗中常见的水神图腾，它们的象征意义明确，功能分明。龙被赋予了呼风唤雨的能力，被用以祈雨，即使乡村也有龙王庙。牛为镇水之兽，宋代以来铜牛或铁牛开始出现在江河湖泊的堤防上，通常由政府出资建造。后者是由人神化而来，是人类战胜自然、兴利除害的图腾。造治水水神的动力来自水利活动的需要，而在水利工程延续的历史时期，则逐渐完善了由人到神、从物质到精神的塑造。

3. 风水学智慧

风水学，本为相地之术，即临场校察地理的方法，也叫地相，古称堪舆术。风水学起源于战国时代，主要关乎宫殿、住宅、村落、墓地的选址、坐向、建设等方法及原则，原意是选择合适的地方的学问。至汉代时，人们已将阴阳、五行、太极、八卦等互相配合，形成了中国独有的对宇宙总体框架认识的理论体系。这个框架是风水学的理论基石，对风水的应用与发展具有重要意义，它使风水由以前人们只是用于卜宅、相宅的机械活动升华到理论阶段。唐宋时期，当时的风水学著作对天上各大星座作了详细的描述，使风水之学与天地相对应。在地理学上则兴起了对山川地形进行考察的热潮，从而使风水学理论应用于山川地形的踏勘。到明清时期，风水学发展到顶点，风水活动遍及民间乃至皇室。

我们这里所指的风水学，实际上就是地理学、地质学、星象学、气象学、景观学、建筑学、生

态学以及人体生命信息学等多种学科综合一体的一门学问。其宗旨是审慎周密地考察、了解自然环境，顺应自然，有节制地利用和改造自然，创造良好的居住与生存环境，赢得最佳的天时、地利与人和，达到天人合一的至善境界。当然，由于风水学起源于古人的朴素自然观，在演进过程中难免夹杂一些迷信的成分，研究时要注意取其精华、去其糟粕，以历史和辩证的眼光进行客观分析。

4. 水习俗和节庆

水文化与民俗活动联系密切，如诞生礼俗中的洗礼、送水礼、冷水浴婴，婚俗中的泼水、喷床、喝子茶，葬俗中的水葬，巫俗中的符水禁咒等。各民族都有独具特色的水节日，例如汉族的端午节、苗族的楼舟节、布依族的汲新水、白族的谢水节、傣族的泼水节，在这些节日里，各民族有吃粽子、赛龙舟、汲新水、扭秧歌、泼水、放高升等各具特色的庆祝活动。水风俗节庆具有区域性和民族性，对其深入挖掘可以考察区域和民族的文化特征。

（二）对于水的文学审美、历史实践、艺术作品等知识成果

1. 以水抒情的文学创作

水文学是指历代文人雅士歌颂、描写水的文学作品。上古神话有共工“壅防百川”、大禹“开掘九川”的故事，代表华夏先民对于治水英雄的崇拜。《诗经》中“关关雎鸠，在河之洲。窈窕淑女，君子好逑”“蒹葭苍苍，白露为霜。所谓伊人，在水一方”等美丽的诗句，以水象征礼俗的禁忌，营造浪漫缥缈的环境，开创了中国诗歌以水为喻的抒情传统。沿着《诗经》开辟的道路，中国历代诗人也喜欢以水为意象进行创作。例如浪漫派诗人有“飞流直下三千尺，疑是银河落九天”“大江东去，浪淘尽、千古风流人物”的吟咏，现实主义诗人有“川阅水以成川，水滔滔而日度”“郁孤台下清江水，中间多少行人泪”的抒怀。除了诗歌，很多小说也以水环境烘托人物性格。中国四大名著都与水有关，《三国演义》中有火烧赤壁、水淹七军的故事；《西游记》中有流沙河、通天河等各种艰难险阻；《红楼梦》塑造的是一群“水做的骨肉”、性格各异、光彩照人的女性形象；《水浒传》直接以水为名，将主要的故事背景和战争场面放置在梁山的茫茫八百里水泊，烘托出浓厚的英雄主义氛围。

2. 水利发展演进的历史

五千年的中国历史，就是一次中华民族与水进行斗争并成功将其驯服，为民造福的伟大历程。先秦时期，管仲已经意识到“善治国者，必先除其五害，五害之除，水为最大”，产生了最初的治水思想。历代治水实践绵延不绝，秦昭王时期，蜀郡太守李冰建造都江堰，使得成都平原成为天府之国。秦始皇任命水工郑国修建郑国渠，使得关中成为千里沃野。汉武帝深恨黄河历次决口，任用王景治黄，使得黄河八百年无患。隋炀帝开辟大运河，沟通了中国经济大动脉，缔造了隋唐盛世。明代潘季驯用“以河治河，以水攻沙”的策略治理黄河，成为后世治水的金科玉律。清代靳辅治理黄、淮、运，成绩卓著。新中国成立后也充满了水利实践，如50年代治理淮河、1998年长江抗洪中诞生的伟大“抗洪精神”、新世纪将三峡大坝的宏伟蓝图付诸实施等。

3. 与水相关的艺术作品

人类文明进程中，与水相关的艺术品不胜枚举。山水画是独具中国特色的艺术形式，是中国的风景画，但又不是简单的描摹自然的风光，而是画家的精神的诉求与流露，是画家人生态度的表达，是画家人生追求的体现。另外，中国著名的佛教造像很多选择在水边，例如乐山大佛、合川涞滩古镇摩崖石刻都依山傍水，壮阔的江河给造像平添庄严肃穆的气势。总之，水赋予艺术家以灵感，赋予艺术品以灵性。

（三）水文化的实践应用

1. 水景观规划设计

水景观，就是作为人审美观赏对象的水体。不同于自然意义的水，水景观是指存在于地面的液

态水形成的审美景观。在审美领域，这些形态的水已成为独立的审美意象，水从自然物而成为景观，是从物质性的存在上升为审美意义的存在。在人的意识中，水景观直接体现的不是它的实用价值、经济价值和科技价值，而是审美价值。这些水景观根据用途，可以分为自然水景、庭院水景、泳池水景、装饰水景等，被广泛应用于景区设计、城市规划等领域。当下的水生态文明城市建设中，水景观可被广泛应用于城市河流滨水空间的打造，提升城市的文化内涵和品位。

2. 水文化遗产挖掘保护

水文化遗产，是历史时期与水相关的具有较高历史、文化、艺术、科学、经济等价值的文物、遗址、建筑以及各种传统文化表现形式，是中华文化遗产的重要组成部分，具有不可忽视的文化和科学等方面的价值。水文化遗产包括物质文化遗产和非物质文化遗产，物质水文化遗产是指具有历史、艺术和科学价值的水文物，如水利工程（河道、堤防、堰坝、水闸、渡口、码头等）、提水工具（水车、辘轳）、动力工具（水磨、水碓）、管理衙署（如河道总督署、漕运总督署、钞关、驿站、官仓）、宗教庙观（龙王庙、禹王宫等）以及涉水的碑刻、文献、典籍等。非物质水文化遗产是指各种以非物质形态存在的与群众密切相关、世代相承的传统水文化表现形式，如涉水的节日（龙舟节、都江堰的开水节、通州的开漕节、傣族泼水节等）、民间文学（神话、传说、故事、歌谣等）、劳动号子（运河号子、海宁车水号等）、民间音乐（高山流水、二泉映月等）、风俗礼仪（修禊、洗三等）、民间信仰（龙王、妈祖、铁牛镇水等）、治水技艺（埽工、“三弯顶一闸”等）、治水思想（潘季驯“以水攻沙”）、治水精神（大禹“三过其门而不入”）。

三、雄奇瑰丽的西南水文化

西南地区，传统是指中国西南的贵州、云南、广西、西藏、四川、重庆 6 个省级行政区。这一地区占地近 275 万平方公里，约占全国国土面积的近三分之一。该地区地形地貌丰富，自西向东有青藏高原高山地区、云贵高原高山山地丘陵区、四川盆地及东部平行岭谷区。这里气候宜人，森林覆盖率高，是中国三大林区之一，素有“植物王国”“动物王国”与“矿产宝库”的美誉。西南地区降水量丰富，河流纵横交错，也是水资源宝库。横断山区为长江、珠江、黄河、澜沧江、怒江的发源地，珠江润泽云南、贵州、广西，四川、重庆处在长江干流的浸润下。仅川、渝境内就有大小支流 1 370 余条，其中金沙江、雅砻江、岷江、大渡河、青衣江、沱江、涪江、渠江、嘉陵江、乌江等 10 条河流，常年径流量都在 150 亿立方米以上，这些河流汇聚于长江，年水量达 4 500 亿立方米，占长江总径流量的 49%①。西南地区高原湖泊纵横，藏北高原的阿里、那曲与日喀则分布着纳木措、羊卓雍湖等，其中纳木措湖最深处超过 120 米，蓄水量达 68 亿立方米，是世界上海拔最高的大型湖泊。云南中南部为滇中高原湖泊密集区，分布着滇池、抚仙湖、星云湖、杞麓湖等；西北部的滇西北高原湖泊区，有洱海、泸沽湖等，这些星罗棋布的湖泊犹如一颗颗明珠点缀在美丽的红土高原②。

西南地区不仅水资源得天独厚，水文化也源远流长。水是孕育西南文明的摇篮，云南元谋人遗址位于金沙江支流龙川江畔，重庆境内的巫山遗址、大溪遗址在长江干流沿线，古蜀三星堆文明遗址在岷江支流鸭子河南岸，这些古人类遗址大多离水较近而又地势较高，既可方便取水又可避洪水之害。在漫长的历史时期，西南先民筚路蓝缕、以启山林，兴建各种水利工程进行农业生产。举其大者如都江堰，利用道法自然、天人合一的理念，成功治理了桀骜不驯的岷江，使成都平原变成“水旱从人、不知饥馑”的天府之国。小者诸如兴建于各个时代的塘、堰、堤、坝、井、泉、沟、渠等各类水利设施不计其数，星罗棋布，分布在广袤的西南大地。西南地区大约在南宋时期就在山

---

① 吕恩琳. 西南环境治理［M］. 昆明：云南教育出版社，1992：138.

② 黄龙光. 上善若水——中国西南少数民族水文化生态人类学研究［M］. 北京：商务印书馆，2017：24-27.

区兴建梯田，并利用“冬水田”技术，冬天储水、春季栽秧，使得荒山野岭的不毛之地变为盛产水稻的人间天堂。宋代大诗人范成大入三峡所见的“山骨鳞皴火种难，山下流泉却宜稻。新秧一棱绿茸茸，茅花先秋雪摇风”，生动再现了当时水利开发的历史图景。

长江上游从四川宜宾到湖北宜昌的川江段是西南地区对外贸易的主要通道。宋代以来，西南地区的矿产、食盐、粮食、茶叶、马匹、木材、丝绸等物资通过各条路线汇聚到重庆，再从重庆经过三峡运送出川。以重庆为中心，通过川江及岷江、沱江、涪江、嘉陵江、乌江、金沙江等支流水路联结各个区域的商品集散地，形成了传统社会西南地区的商品贸易网络。商业的发展带动了城镇的繁荣，保宁（今四川阆中）、顺庆（今四川南充）、合州（今重庆合川）、绥定（今四川达州）、绵州（今四川绵阳）、潼川（今四川三台）、遂宁、泸州、内江、资州（今四川资中）、嘉定（今四川乐山）、叙州（今四川宜宾）等地逐渐成为地区性商业中心。鸦片战争后，中国被迫不断开放通商口岸，西方列强开始觊觎西南，很多探险家来华进行川江试航。1898 年 1 月 15 日，英国人立德乐驾轮船“利川”号，从上海起锚，西行试航川江，历时 3 周到达宜昌，又经过 22 天的激流险滩，最终抵达重庆朝天门码头，至此开启了川江轮船航运的历史。1891 年 3 月重庆开埠，宣告闭锁的西南被迫打开大门，西方的工厂、银行、商行、邮局、保险、医院、学校如雨后春笋般涌入西南，城市和乡村发生翻天覆地的剧烈变动，西南地区从此进入近代化时期，被迫纳入资本主义世界体系。抗战时期，国民政府迁都重庆，整个西南成为神圣抗战的大后方。西南富饶的资源和勤劳的民众，支撑起这个近代以来饱受苦难的民族。国民政府大力进行农田水利建设和水电开发，保证了农业生产的稳定和能源的供应，为前方提供了稳定的军粮和赋税来源，肩负起国家和民族复兴的希望。

西南地区是民族分布广泛的地区，除汉族以外，还有 20 多个少数民族，他们在长期的历史实践中形成了独具民族特色的生态水文化。在少数民族看来，林、水、田、粮、人是一个相互作用的有机整体，不可分离。傣族流传着“大象跟着森林走，气候跟着竹子走，傣族跟着流水走”的谚语，因而被视为“水民族”。在长期的社会历史实践中，傣族形成了系统的生态保护观。他们称土地为“喃领”，“喃”为水，“领”为土，“喃领”即“水土”，有水之土才可孕育植物生长，才能成为有价值的土地，水与土地是紧密联系的整体。傣族认为“有林才有水，有水才有田，有田才有粮，有粮才有人”，将森林置于人与自然关系的首位，注重森林生态系统的建构和维系，这一系统由垄林、坟林、佛寺园林、竹楼庭院林、人工薪炭林、经济植物种植园组成。这些林区被绝对禁止开辟为水田或旱地。由于傣族保护森林的良好传统，使西双版纳成为北回归线附近唯一保存良好的热带雨林区，被誉为“植物王国皇冠上的绿宝石”。哈尼族有民间谚语“有林才有水，有水才有田，有田才能养出好儿女”。他们认为，森林—水—梯田—人四位一体，构成一个自然文化逻辑序列。哈尼族重视对水资源的保护，通过选举产生赶沟人，专门负责沟渠的日常监督和管理。对养育水源的森林、箐沟，设有箐长进行管护，负责对寨神林、水源林等严加看管，严禁任何人砍伐。充足的水源成就了美轮美奂的哈尼梯田，后者作为人与自然和谐相处的典范入选世界自然文化遗产。

总之，随着生态文明建设的方兴未艾，水作为战略性、基础性、与民众生活息息相关的资源，越来越受到人们的重视，水文化的研究和普及推广恰逢其时。作为一个新兴的领域，水文化学科体系尚不完善，其系统性的理论建构和应用尚处于起步阶段，拥有无限广阔的空间和前景。我们希望借此书的出版，探索西南地区独具魅力的传统水生态文化，与有志于此的同仁携手推动水文化学科的建设，共创水文化研究的美好未来。

编者

2019. 10

目　　录

坚定水文化自信　推进水文化建设

李宗新

坚定水文化自信是坚定文化自信的重要内容，没有对文化的自信，对水文化的自信就无从谈起。只有坚定水文化自信，才能推进水文化建设的健康发展。

一、文化自信与水文化自信

文化自信，是一个国家、一个民族、一个政党对自身文化价值的充分肯定和积极践行，是对本民族优秀传统文化的生命力和继承、弘扬、发展、繁荣自身文化的坚定信念和信心，是一个民族可贵的精神品质。习近平同志在庆祝中国共产党成立 95 周年大会上的讲话中说："全党要坚定道路自信、理论自信、制度自信、文化自信"，并指出"文化自信，是更基础、更广泛、更深厚的自信"。文化自信的概念早已有之，但把文化自信提升到了与道路自信、理论自信、制度自信同样重要的位置，说明坚定文化自信对坚持中国道路、弘扬中国精神、凝聚中国力量，实现中华民族伟大复兴的中国梦，具有特殊重要的意义。

水文化自信，是文化自信的重要组成部分，是对水文化价值的充分肯定，是对水文化在中华文化中战略地位的充分肯定，是对水文化生命力具有坚定信念和信心，是对继承、弘扬、发展、繁荣水文化具有坚定信念和信心。水文化自信是推进水文化建设的最大的底气。因为水文化是早已客观存在的文化现象，并具有重要功能，所以才提出要进行水文化研究，加强水文化建设。在对水文化的认识逐步加深的过程中愈发地坚定了对水文化的自信。

二、坚定水文化自信的过程

自提出开展水文化研究到现在，由于坚信了水文化的存在和作用，人们对水文化自信的认识过程经历了四个重要的转变。

1. 从不知道什么是水文化，到越来越多人认可水文化的转变。在我们提出研究水文化时，有人认为不存在"水文化"这个概念。他们认为，水是一种物质，既不需要制造，也不需要加工，因此，"水文化"这个概念不能成立。而我们认为人们对水有使用、有治理、有管理，水和水利事业与社会生活的各个方面都有十分紧密的联系，对经济发展和社会进步都有十分重要的作用。因此，我们认为水可以作为载体形成水文化，在 1988 年就大胆地倡导开展水文化研究。经过多年的努力，现在对水文化认可的人越来越多了。

2. 从少数人的提倡、呼吁，到各级领导，直至中央领导重视水文化的研究的转变。典型的事例有三件：一是从倡导开展水文化研究后，经过水文化爱好者 7 年的努力，1995 年 12 月在江苏徐州市成立了中国水利文学艺术协会水文化研究会，这对水文化的发展是具有里程碑意义的大事。至今这个社团组织仍是唯一的、全国性的、合法的水文化社团组织。二是 2011 年 11 月 18 日，水利部以水规计〔2011〕604 号印发了《水文化建设规划纲要（2011—2020 年）》，推动了全国的水文化建设。三是 2014 年亚太经合组织（APEC）会议期间，习近平同志在欢迎宴会上的致辞中说：“我们之所以选择水立方来举行这个晚宴，是因为水在中国文化中具有重要象征意义。”

3. 从水利系统关注水文化，到社会各界关注水文化和积极参与水文化研究的转变。典型的事例是：2005 年 10 月在江苏南京举办的第十届全运会的闭幕式就是以江苏省的江、河、湖、海为主题，形象而生动地展示了江苏省优秀、灿烂而特有的水文化及其对江苏省经济与社会发展的作用。2014 年，国家社会科学基金把“中国水文化的发展前沿问题研究”列入重点课题，标志着从国家层面上高度重视水文化研究。

4. 从国内关注水文化，到国际重视水文化作用的转变。典型的事例是：2006 年联合国把“世界水日”的主题确定为“水与文化”。每届国际水论坛多有水文化的内容。2015 年中国水利水电出版社组织编写的《中华水文化书系与电子出版物》在多次国际书展中都引起了良好反响。

以上的事实都充分说明，如果没有坚定水文化自信，水文化的事业就有可能被中断，更谈不上水文化的繁荣和发展了。没有水文化的自信，水文化就不可能成为一种相对独立的文化形态，也不可能成为世界文化百花园和中华文化百花园中的一枝鲜艳夺目的鲜花。

三、坚定水文化自信的对策

必须采取有效措施进一步坚定水文化自信。为此，应努力做到以下几点。

1. 充分肯定水文化的价值。水文化的价值就是它的有用性，即它具有的主要作用。水文化的作用是多方面的，最基本的作用有以下几个方面：

从精神形态的水文化讲，能使我们以“水”为师，以“文”化人，学习水的各种美德，以优秀的水精神铸造人的灵魂，践行社会主义核心价值观。

从制度形态的水文化讲，能使我们运用水事活动的法律、法规，规范人们的行为，进行全社会的水情教育，建设优美的水生态，使全社会都能更好地爱水、敬水、亲水、保护水、节约用水，培养人们“人水和谐”的生产生活方式。

从物质形态的水文化讲，能使我们全面提升水利工作的文化品位，特别是水工程的文化品位，使水利工作更好地为满足人民日益增长的物质文化生活的需要服务。

从水文化的先进性上看，文化本身有先进和落后之分，水文化也不例外。而我们讲的水文化其主体或主旋律是一曲颂扬水伟大、水贡献、水精神的高亢赞歌，是一幅描绘人水相亲、人水和谐、人水共荣的美好蓝图，是一部记述人们爱水、治水、护水思想结晶的鸿篇巨制。因此，这是一种先进的水文化，是为社会增添正能量的文化。

故而，对水文化的这些价值和作用必须充分肯定。

2. 充分肯定水文化在中华文化中的战略地位。这个问题可以从水在中华文化中的重要地位来说明。在中华五千年的文明史中，我们的一些圣人先哲对水都有许多精彩的论述，这里就不一一介绍了。现仅介绍几处现代与水有关的重要论述。

2010 年 12 月 31 日颁布的《中共中央国务院关于加快水利改革发展的决定》中开宗明义地说："水是生命之源、生产之要、生态之基。"这里讲的水已经是文化的水了。

在江苏省江阴市徐霞客故居的展览馆门口有一块大碑，上面金色的字刻写的是 2007 年 8 月 24 日，时任国务院总理的温家宝为徐霞客诞生 420 周年所作的贺信。其中说道："作为中华文化滋养出的这位先哲（指徐霞客），对地理的认识，对资源的爱护，尤其对水利的精心勘察，让他本能地意识到人类生活中水的要义，人与人之间鱼水和谐的要义，人的品性之上善若水的要义。《徐霞客游记》把三者融为一体，潜移默化，沁入读者的心灵。中华经典的如此魅力，经受了时间的检验，历史的审读。"这三句话都强调了水的作用，说明水是构成中华经典魅力的重要因素，可见水在中华文化中的重要地位。

我国著名学者，北京大学教授、博导王岳川在美国马里兰大学和乔治梅森大学讲演的《中国文化的美丽精神》中说："只有认识了中国文化中的几个'关键词'，才能认识中华文化。其中最重要的一个'关键词'是水，因为它体现了中华文化精神的几大美德——公正、勇敢、坚韧、洁净，体现出了生命时间的观念。'水的哲学、水的精神'是中国人在人与人、人与自然、人与社会的和谐中把握自己本真精神的集中体现。了解了水文化，就了解了中华文明的根本。"这也说明水在中华文化中的重要地位。

3. 坚定对水文化生命力的信念和信心。水文化的生命是十分悠久和强大的。自有人类与水打交道的社会实践活动并形成与水有关的观念和思想起，就有了水文化的萌芽和形成。只要地球和人类存在一天，就离不开水的滋养，就有水文化的存在。这一点我们是坚信不疑的。

4. 坚定对水文化的继承、弘扬、发展、繁荣的信念和信心。只要水文化价值得到充分的肯定，只要充分肯定水文化在中华文化中的战略地位，只要水文化的生命得到不断的延续，水文化的继承、弘扬、发展、繁荣也一定是确定无疑的。其间的道路可能出现曲折和起伏，但水文化的概念一旦形成并深入人心，必将谱写水文化继承、弘扬、发展、繁荣的新篇章！

5. 在推进水文化建设中坚定水文化自信。坚定水文化自信的目的是推进水文化建设，水文化建设的成就又有利于坚定水文化自信。当前水文化建设在全国，特别是水利行业正在蓬勃开展。水文化建设取得良好成果的单位和部门的共同点是：领导重视、组织得力、广泛参与。重庆市水利局领导对水文化建设高度重视，近几年相继部署并制定了《重庆市水文化建设规划纲要》，开展了全市水文化遗产普查等工作，同时广泛动员各方面人员创造性地开展各项水文化建设的活动，使水文化建设不断取得新成果，从而进一步坚定了水文化自信。

总之，坚定水文化自信，是开展水文化研究、加强水文化建设的底气和活力。自信，能出勇气、出力量、出智慧。我们要以坚定的水文化自信，坚持不懈地推进水文化建设，促进水文化的繁荣发展。

（作者为水文化研究的首倡者，中国水利文协水文化工作委员会副会长兼秘书长）

不废江河万古流吗？

——历史时期长江上游航道萎缩的教训

蓝　勇

中国长江上游水利资源十分丰富，创造了良好的舟楫之利。但是，历史时期以来，长江上游河流河床淤升，径流缩小，险滩复出，航道呈现日益萎缩的趋势，黄金水道长江有可能成为第二条黄河，情况已不禁令人忧心如焚。这绝非耸人听闻！

先让我们看看航道萎缩的情况吧。

长江上游航道变迁的基本事实

据《华阳国志》载，诸葛亮南征时从安上（今屏山新市镇）溯泸江（金沙江）直上卑水（今宁南、巧家一带）[①]。宋代曾在马湖江（金沙江下游）设有573里水驿路[②]，“从马湖部落（雷波）之后，舟行十余日，方至平夷（今水富县），合石门江，至三江口（今宜宾市）合于蜀江”[③]。由此我们可知，宋元时金沙江航运十分通畅，这在今天是不可思议的。明代一些木商从今安宁河、雅砻江下游货杉板顺流直下江浙，取得暴利[④]。清代有称“数百年来金沙江阻塞，舟楫不通”[⑤]。清乾隆时，相继整治了永善黄草坪和巧家蒙姑到叙州府（宜宾）的航道，承运滇铜，但其间仍需搬滩。鸦片战争以后，航道失修，泥沙淤塞，险滩复出。民国期间和1964年对金沙江航道进行了整治。直到10年前，还能从永善溪落渡或屏山冒水孔直航到宜宾，航程约为123～183公里。近几年机动船可从新市镇行105公里至宜宾，但其中有险滩4个，枯水期需停航1个月。至于新市镇到今宁南、巧家，航程在362公里左右，险滩70余处，只能分段行船，以致现在金沙江成为漂流健儿的用武之地了。

岷　江

历史时期从今灌县、成都可扬帆直下扬州，战国时期便可“方船积粟，起于汶山，循江而下”[⑥]。这里的“汶山”即今灌县西北的岷山。宋人记载：“泊船山，在岷山，古背蜀川大水之时，泊船于此云。”[⑦] 可见，战国时舟船可以从灌县（今都江堰）

---

① 《华阳国志》卷4《南中志》.

② 《建炎以来亲朝野杂记》乙集卷20.

③ 《方舆胜览》卷65《叙州》.

④ 蓝勇. 四川古代交通路线史［M］. 重庆：西南师范大学出版社，1989：158.

⑤ 檀萃.《镇海虞衡志》卷11《志草木》.

⑥ 《战国策》卷14《楚策》.

⑦ 《舆地纪胜》卷151《永康军》.

以上的岷江起航。三国时，费祎出使吴国和吴使张温返吴，都从江桥（今成都南门大桥，即万里桥）登舟万里直下扬州。

唐代成都港移到万里桥东南今南河与府河合流处，韦皋在其地建合江亭，亭外停泊着东吴万里船，呈现“云帆龙舸下扬州”的一片盛况。当时，漕船可直溯水到灌县，杜甫便留有“蚕崖铁马瘦，灌口米船稀”的诗句。宋代从成都到涪州共十三程[①]，有称从成都合江亭“顺流而下，委输之利，通西蜀之宝货，传南土之泉谷。建帆高挂，则动越万艘，连樯直进，则倏越千里，为富国之资，助经邦之略”[②]。元代从成都经 50 多个水站到沙市，明代从成都锦官水驿经 60 多个水驿到宜昌，水路十分通畅[③]。从清代至 20 世纪初，仍可从成都九眼桥顺流 75 公里经双流中兴、苏码头、毛家渡、黄龙镇、江口合大江，彭山境内大江可航 30～50 吨木船，灌县至新津近百公里在汛期仍可通航。20 世纪 30 年代时，黄炎培便谈到原来重庆的轮船在夏水时可直达成都，但当时只能到叙府，木船只能到乐山了[④]。我们从成都港自汉晋江桥移向唐宋合江亭，再移向清代九眼桥，可以看出河道萎缩的影子。到了现在，灌县都江堰至成都彭山一线岔流如网，险滩重出，已无片帆之利。府河、南河泥沙废物淤积，径流缩小，也无法行船了。从彭山到乐山仅可季节性短途通航。

横　江

早在晋代从僰道（宜宾）到朱提（昭通）便通水道，如从今昭通洒鱼河起，通航里程近 260 公里[⑤]。宋代从阿蒙坝（豆沙关）双舟并行 100 公里到今安边[⑥]。元代从叶梢坝（豆沙关）设 6 个水站入马湖江，通航里程与宋代相同。但从明代开始淤塞，清代仅能从八匡河（白水江）口起航。到 20 世纪 50 年代初，水量充足时木船仍可从安边行至盐津，共 86 公里，但水量小时只能从张窝附近九龙滩起载陆行。现在仅在水量充足时可从安边行舟 14 公里到横江镇。横江镇以上险滩复出，不堪行舟。

南广河

南广河很早就有航运，唐代又有“黑水小道”之称。在清代，河道经过整治，南广河可从珙县罗星渡行至宜宾南广河口，航程 195 公里左右，是川盐、滇铜运输的一条干道。20 世纪 50 年代南广河航运仍十分兴盛，南广河口以上 140 公里河道曾承担过 20 万吨的年运量。近 20 年，人为和自然的因素，南广河床淤升，径流缩小，在这 140 公里河道中，大小险滩达 102 处，枯水期航道仅 0.4～0.6 米深，在已建成的 5 个水电站中有 3 个没设置过船闸，现仅可在水量充足时从南广镇行 35 公里到来复镇，南广河其他河段仅少量农副业船间行其间。

---

① 《方舆胜览》卷 61《涪州》.

② 苏德祥.《全蜀艺文志》卷 37《新修江渎记》.

③ 蓝勇．四川古代交通路线史［M］．重庆：西南师范大学出版社，1989：179-186.

④ 黄炎培．蜀道［M］．刻本．民国二十五年版.

⑤ 《华阳国志》卷 4《南中志》.

⑥ 蓝勇．隋唐石门道之石门考辨［J］．重庆史学，1985（2）.

长宁河（淯江）

长宁河是川南的一条重要航道，在唐代便是一条承担运输淯井盐的水道。南宋嘉定年间，虞抗孙知长宁军事，在淯江“开凿大石，舟楫始通”[①]。当时，从淯井盐井取水路到泸州约行9日程[②]。元代，因运盐需要，在此河道上设置了6个水站，直航至今长宁双河区。清代从安宁溪起“可通舟楫”[③]。前几年，机动船可航至梅岭，木船可行69公里到硐底乡龙潭寺，但近几年航运已十分困难了。

永宁河（纳溪水）

永宁河道早在宋代就为人取用，明清时是川盐、滇铜运输的重要航道，在汛期12吨船可行驶全程两百多公里，在枯水期5吨船仍可行至江门。但近几十年来，由于水土流失和人工修建电站，一般木船只能行至大洲驿以下了。

赤水河

历史时期赤水河也是一条重要航道，清代经过整治后木船可直航元厚，水好时可通到土城或二郎滩，如起陆搬滩可行至茅合镇。现在赤水河经过初步整治，马蹄滩以下可分段行驶木船到机动船；经过多次整治，二郎滩至合江195公里为国家6～7级航区，可分段行驶木船到机动船；经过继续整治，可行30～150吨机动船，是长江上游整治较好的航道。但是，近几年自然及人为的原因，元厚至赤水段险滩复出，径流缩小，航运也较艰难。

綦　江

唐宋时綦江叫僰溪，是一条重要航道，可直行110公里至南平军（綦江南）以南，但不知起航点[④]。元代曾设为水驿站，可行20石大船。清代航道经过整修，可航至贵州桐梓松坎，近200公里航程。但现在木船仅可行至綦江赶水镇，枯水期时深仅0.6～1.2米。

乌江（涪陵江）

乌江是一条重要通航水道，据载战国时司马错便溯水而上取楚黔中郡[⑤]。唐宋黔州到涪州水路甚为通畅，这在唐宋诗歌中多有提及。元代沿此水路设有5个水站，通至今贵州思南一带。清代涪陵江（乌江）可直航思南，只是新滩、洞底和龚滩需搬滩，但龚滩至涪陵的198公里十分通畅。乾隆五十年（1785年），乌江羊角碛崩岩成滩，乌江航运分成两段。解放后，政府多次整治乌江，使乌江成为中国西南得到最好整治的一条河流，机动船可行至贵州沿河，行程达250公里。令人担忧的是近几年

---

① 《读史方舆纪要》卷70.

② 曾公亮.《武经总要》卷19《边防》.

③ 李元.《蜀水经》卷16《淯江》.

④ 《太平寰宇记》卷136《渝州》.

⑤ 《华阳国志》卷1《巴志》.

来，乌江航道隐患已愈来愈明显，大乌江以下，枯水期时水深仅 1 米。

沱　江

历史上又叫资水，曾可从成都直航至泸州，晋代罗尚便从成都取洛水（沱江）至江阳（泸州）。宋代转运使韩踌曾在怀安军（金堂以南）疏通河道，以通舟楫。在清代仍可从今金堂县赵家渡起航至泸州，约 508 公里，但现在简阳到金堂的 100 多公里枯水季节几乎无航运之利，简阳到资阳可分段间行少数副业运输船和打鱼船。

嘉陵江

嘉陵江很早就有航运之利，《尚书·禹贡》便载贡品“浮于潜”，可从今永宁河口直下巴国。到宋代可从今凤县南木皮店顺流下恭州（重庆）[①]。宋代还可从渔关（今白水镇东北虞关）顺流下恭州，又可溯水从四川漕运军粮到渔关，航程约 1 070 公里。唐宋在今阳平关南置的三泉县和大安军便是依赖于嘉陵江航运之利，有“舟航日上下”之称。清代，航道萎缩，但仍可从略阳白水镇起船，航程约为 1 017 公里。现在，白水镇至广元的 197 公里，险滩复出，泥沙淤积，已无法通航。广元以下河段泥沙淤积严重，下游部分段落枯水期时水深仅 0.8～2 米，而且每年以平均淤高 0.2 米的速度发展，行船十分困难。

大宁河

大宁河以往可舟行至大宁厂以北的白鹿檀木坪，现虽经多次整治，木舟也只能直通至巫溪县城，约 120 公里，巫溪到檀木坪的 53 公里已无法航船了。

大渡河

在宋代可从黎州南行舟直通嘉州大佛脚下，航程约 230 公里，只是后因“天产山险横截，遂不通汉境”[②]。后黎州寨还将杉板顺水流至嘉州贸易[③]。到清代时，仍可从沙坪或罗回（今峨边）直航嘉定府，行程 130～175 公里。现在大渡河龚嘴、洞底、珍溪电站建成，铜街子电站正在修建，大多没有设过船设施，大渡河仅能从福禄以下 65 公里行船了。

涪　江

涪江很早就有航运之利，清以前可溯水至今平武县东南坝子乡。清初可从今平武南坝经小岩、平驿铺、白石铺、武都、中坝、彰明、青莲乡到绵州，共 127 公里，然后由绵州经遂州 375 公里至合州合嘉陵江，全线共 502 公里。到清末民初时，中坝以上河道萎缩淤塞，落差大，水流急，流速在每秒 2 米以上，水深仅 0.4 米，槽宽仅 8 米，仅供放筏使用，中坝以北武都码头成为木船航运起点，航程缩短了 60 公里。

---

① 路振.《九国志》卷 6.

② 周辉.《清波杂志》卷上.

③ 《方舆胜览》卷 55《黎州》.

20 世纪 50 年代，航道继续萎缩，又向南退缩了 15 公里，江油中坝成为起止点，航程缩短了 75 公里。60 年代，河道继续萎缩，中坝一带水流量仅 200～400 立方米/秒，无法通航，起止点又向南退缩了 10 公里，以青莲乡为航运起止点，退缩了 85 公里。20 世纪七八十年代以来航道萎缩加快，青莲乡到绵州的 42 公里之间断航，仅少量沙石运输船分段行驶其间。从清初到现在航道约缩短了 127 公里。

南江及巴江

南江很早就有航运之利，一度曾荒塞淤积。道光二年（1822 年），南江县令胡炳疏通南江至巴州的河道，小舟直达巴州，有“商贾往来，资其挽载”之称。直到 20 世纪 50 年代时，木船仍可从南江北银杏坝（上两乡）顺流而下至重庆，枯水期时需 20 日，满水时需 6 日，上行需 38 日，其中从上两至三汇镇合渠江、南江、巴江，航程共约 400 公里。但是在 20 世纪 70 年代，南江已渐无片帆之利了，仅以巴中县境巴河枣林乡青滩口为木船航运起点，航程缩短了约 140 公里，而近几年青滩口以下的巴河径流缩小，枯水期时河道淤塞，行舟十分困难。

州河及后河

州河及后河，历史上是川东一条著名通航河道，宋代时达州“水通于蜀，陆肩于雍，持金易丝枲者不绝于道”①。明清时从三汇沿通川江和后江可直航至万源县长坝，航程可达 300 公里左右。民国时，从重庆取大舟上至今南充，换小舟取嘉陵江、渠江、州河直到后河罗文场，从罗文场到长坝 40 公里水路滩多水急，已不堪行舟。现在，后河基本上无片帆之利，宣汉到罗文镇 90 公里水路已淤塞，木船一般以宣汉为起航点，航程缩短了 43%。

安宁河

早在明代，就有木商用木筏或放杉板从今德昌或江口顺宁远水（安宁河）而下入金沙江。到清代时，从今安宁上游泸沽以下可行木船，只需在米易大滩提载外，可直航三堆子入金沙江，航程约 300 公里。如水好时，木船还可上溯泸沽以上冕宁县城或马房沟（今巨龙乡）。当时冕宁一带粮米多靠此运输。现在，安宁河处山谷宽处，河段穿行于碛砾中，径流分散且水势浅薄，不堪行舟，处窄谷处，坡度大，险滩多，水流急，也不堪行舟，300 公里航道完全荒废。

像安宁河这样以往曾有舟楫之利，但现在无片帆之利的江河还有云南普渡河、小江、白水江和四川的候溪（今临江河）、安昌河、安马河、凯江、平通河等。

从以上河流的变迁来看，一般是常年通航河趋变成季节性河，季节性河则趋变成无航运之利的河流，而直航的航道趋变成间段通航或航程缩短。

据统计，四川省 20 世纪 60 年代河流可通航 17 000 公里，1983 年仅可通航 8 200 公里，20 年间可通航河道里程减少了一半。又有人以 1958 年到 1979 年的 21 年相

---

① 《方舆胜览》卷 59《达州》.

比，四川省通航河道数减少了一半，航程缩短了1/3①。绵阳地区1949年通航里程为1 270公里，现缩短为747公里②。20世纪50年代万县地区通航河流27条，航程1 357公里，现仅剩15条通航河流，航程610公里③。云南省近几十年来，内河流通航里程减少了1 700多公里。贵州省近20年来，内河通航里程减少了2 000公里④。

（本文原载于《中国历史地理论丛》，1991年第3期。作者为西南大学历史地理所所长、教授、博士生导师）

---

① 参见杨纪珂．四川省林水土问题的对比与对策［J］．大自然探索，1986（2）．关于四川航道记载的资料较多，互有出入。另，唐泽江主编的《大西南自然经济社会资源评价》第161页载1965年通航里程为13 036公里，1977年降为8 253公里。张广钦主编的《论开发长江上游》第251页载解放初通航里程为12 000公里，1986年仅9 000公里。又，《四川省农业资源与区划（下篇）》第190页谈到四川省内河通航里程由1961年的17 000公里，下降到1983年的8 774公里。

② 《四川省农业资源与区划》编委会编．四川省农业资源与区划（下篇）［M］．成都：四川省社会科学院出版社，1986：370．

③ 陈国阶．从环境容量看三峡移民［J］．群言，1987（11）．

④ 参见西南民族地区经济概况［M］．成都：四川省民族研究所，1986年内部发行．

云南少数民族的水文化与当代水环境保护

郑晓云

水资源与水环境问题是21世纪人类可持续发展中面临的最突出的问题之一，受到了全球的广泛关注。今天水环境治理的科技水平已有了长足的进步，人们对于投入其中所需要的大量资金也并不吝惜，但是科技的进步与资金的投入往往不能阻止水环境的恶化并彻底解决水环境问题。笔者认为，不同国家与地区、不同民族的人们在生存实践中所形成的或在当代发展起来的对水的观念、使用与保护水的习俗、制度、规范、宗教等构成的水文化，是当代解决水危机、营造良好的水环境、实现可持续发展的重要基础，是从源头上解决水环境问题的有效手段。深入人心的水文化能够保护水环境不受破坏，而技术手段是水环境受到破坏后被动的措施，因此，在当代水文化是水环境保护中的重要因素。为了解决当代面临的水环境问题，需要对人类的水文化加深认识，尤其是应当加深对不同国家、不同民族间的水文化的互相理解与借鉴，在当代还需要根据不同的发展实际来创建新的水文化。本文以云南少数民族为例来探讨水文化与水环境保护的关系，同时也希望为这一学科的构建尽绵薄之力。

一、云南少数民族的水文化与水环境保护

云南是一个多民族的省份，少数民族人口占全省总人口的33%左右。云南同时也是一个多山的省份，山区面积占云南总面积的94%。过去云南山区有良好的森林植被，对涵养水源起到了积极的作用，从而形成了云南江河纵横、水资源丰富的格局。云南是中国民族文化与生物资源、地理环境最具多样性的省份，复杂多样的地理环境与众多的民族构成形成了云南不同民族对水的不同观念及利用水、保护水的不同方法，从而也形成了云南各民族丰富多彩的水文化。由于不同民族所处的地理环境的差异，不同民族水文化的内涵也是不同且各有特色的，但各民族与水相关的观念、习俗所构成的文化都是存在一些联系的，大致可以归纳为以下方面：

1．水的观念。各民族的水观念与其历史记忆有关。各个民族都有关于水的传说，云南很多民族都将人类的起源与水联系在一起，如傣族传说中，宇宙及人间万物都是天神用水和其他的物质混合造就的。云南很多民族都传说在一场大洪水之后，人类中的一部分人或者说一对兄妹因为躲藏在葫芦、大鼓等中从而侥幸逃生。洪水退后，他们在大地上繁衍生息，人口渐渐增多，发展至今。纳西族神话中则是由于兄妹通婚而引怒天神，导致洪水的发作。基诺族传说洪水过后，基诺族、哈尼族、傣族、彝族、汉族的先民从葫芦中逃生，重新迁徙到不同的生活环境中繁衍至今。不论怎么说，各民族的洪水传说都反映了人类的起源和水有关系，而水不仅仅造就了天地万物，即存

在善的一面，同时水也有发怒的时候，毁坏人类的生活，即存在恶的一面。因此，这一特性造成了各个民族对水一方面是敬，而另一方面是畏。人们敬水就要保护水环境，而畏水则是要通过宗教祭祀等途径来达到与自然的沟通，乞求水不再危害人类的生存。

2. 水与各民族的定居。很多民族在历史上都经历了频繁的迁徙，而迁徙及寻找新的定居点与水有直接的关系，这是很多民族的历史都证明了的。傣族、壮族在历史上总是逐水而迁，寻找有水的地方定居，因为这两个民族都是种植水稻的，水稻是其生存的基础，尤其是傣族总是分布于江河流域，如澜沧江、金沙江、怒江等流域，并逐江河而迁徙，从云南进入了东南亚的老挝、泰国、缅甸等大江流域并生存繁衍至今[1]。在选择建设村寨的具体地点时，傣族与壮族都是选择河流岸边作为建设村寨的最佳场所，便于进行稻田的灌溉。事实上各个民族的定居都考虑了水的因素，如文山州的瑶族选择村寨首先要考虑的就是村寨周围有没有充足的水源可以供给生产和生活使用。据云南弥勒市西山乡可矣村的传说，这个村子的先民经过了长途跋涉终于在现居村子附近的密林中发现了两眼水泉，从而定居在这里，这里至今仍然有清澈的泉水冒出，为了保护这两眼泉水，村民将泉水周边的森林划为神林“密支林”，世代保护不得砍伐。由这些例子可见水与人们的定居有着直接的关系，他们因水而迁徙、逐水而定居。

3. 水与生计。各个民族的生计都与水有直接的关系。壮族、布依族、傣族等种植水稻的民族，必须依赖丰富的水资源进行农作物的灌溉，而生活在山区的一些民族，如瑶族、彝族、哈尼族、基诺族等在历史上其农业模式是山地农业，虽然不依靠灌溉来解决种植的问题，但是他们选择建立村寨的时候一定会考虑到有水源可供人们的日常生活。无论何地的人们都能够充分地利用水环境获得生存资料，山区的很多民族也同样会在河沟里捕鱼、虾、螃蟹等，如基诺族尽管生活在山区，但是山区的河流也成为基诺族的食物之源，人们从河流中可以捕获很多水生动物如鱼、虾、螃蟹等，也可采集到十余种可食用的水生植物如青苔、蕨类植物等，这些河流中的动植物成为山区食物的重要补充。昆明地区滇池畔的居民过去不仅仅种植水稻，也同时把渔业作为重要的生计来源，捕鱼是与水稻种植同等重要的生产方式。在丽江市拉什海湖周围的纳西族居民从湖中捕鱼、捞虾，采集可食用的水生植物，进行种植水稻及其灌溉等活动。这一切都是人们基于水环境培养起来的对水的利用的知识，水环境造就了人们的生存知识与生活技能，这些知识与技能也成为各少数民族水文化的重要组成部分。

4. 水与宗教。水与各民族的宗教信仰有密切的关系，这主要表现在以下几个方面：

第一，对水的敬畏与祭祀。在多个民族的文化观念中，水有善和恶两个方面：人们普遍相信水是由神灵控制的，水神灵既能够带给人们充足的水源，同时也可能危害人们，给人们带来灾难。人类对于水的态度也影响到了其对水神灵的好恶，对水的祭祀成为存在于各民族中的非常普遍的现象。祭祀一方面表达了人们对于水神灵的敬畏，而另一方面则是乞求水神灵能够带给人们充足的水源，不危害人的生活与生存。很多民族认为河流、湖泊、水源、池塘，甚至人工修造的水井、沟渠等都有神灵居住，都要进行定期或不定期的祭祀才能获得神灵保佑。

哈尼族各支系普遍存在着对水的祭祀，各个村寨都要在一定的时间对水源头、水井、河流、河沟等进行全村性的祭祀活动，在祭祀的时候要供奉鸡、猪肉及糖果、糕点等，由巫师主持进行祭祀，念有关敬畏、乞求水神灵保佑水源充足、五谷丰登等内容的祭词。各地的哈尼族普遍使用水井蓄水，因此，对水井的祭祀是水神灵祭祀中较为典型的，各个地区祭祀的时间、次数等不一样，有的地方一年一祭，有的一年两祭，但是每年都要进行。在祭祀之日各家都要到水井边将水井周围打扫干净，供上各种肉食及糕点等供品，插上香，用松树枝或竹枝扫水井周围，然后由村中的长老或巫师念祷告水神灵的祭词，求水神灵保佑水源充足、水中不长小动物、人们饮水之后能够健康等。除了全寨性的对水神的祭祀活动之外，各个家庭也要对自己家稻田中的水沟神或稻田中有水泉涌出的地方的水泉神进行不定期的祭祀，有的家庭在每年播种前及收获后都要进行祭祀。西盟县的佤族每年重要的宗教活动开始于祭祀水神，佤族居住在半山坡，村寨中一般没有水井和河流，生活用水使用竹子搭成的水槽从山上的泉水出口处将泉水引入村寨，因此对于各个村寨来说，每年修补水槽、祭祀水神是一项重要的活动。在每年的年底全寨人都要出工修补水槽，同时对水神进行祭祀，人们认为水槽里也居住有水神，祭祀水神能够保佑水流畅通，一年四季清水不断。其过程是：第一天每家出人到村寨外去修补水沟，有的水沟长达七八公里；第二天砍伐竹子对村寨内的水沟进行修补；第三天请巫师祭祀水神灵，看鸡卦。在祭祀活动结束的时候，全村还要举行重大的传统节庆活动——拉木鼓。全村人要通宵达旦地吃喝、跳舞、唱歌。在过去，傣族每年都要组织各个村寨修复灌溉的水渠，每当修复水渠的工作结束以后，村寨的头人要带领全村人杀鸡甚至杀猪祭祀水沟神，乞求水沟神保佑水沟畅通、水源丰富，保障人们的生产灌溉及稻谷丰产。

多个民族对出水处包括其周围的森林都有特殊的敬畏和祭祀活动，如基诺族每年都要对村寨的水源林进行祭祀，祭祀的时候要杀鸡，供奉各种果品、食品，然后人们跪拜敬香。纳西族每年都要祭祀水源的出水口，由巫师东巴主持。各个民族往往将水潭称为龙潭，不仅要每年祭祀，在水潭边还要建盖庙宇供奉龙王。对水神的祭祀透射出了各个民族文化中丰富的水文化内涵。

第二，宗教对水源的保护。很多民族都认为出水地，尤其是水源是水神灵居住的地方而加以特别的保护和崇敬。例如基诺族、佤族、哈尼族、彝族等主要居住在山区的民族都规定水源林内不许砍伐树木，甚至不能采摘野果，不能让牛、马等进入。一些民族规定不能在水潭中洗澡、洗菜。西双版纳的傣族在过去的千百年中更是将大片的森林划为有神居住的龙林加以保护，龙林之内不能让牛、马进入，也不能进入龙林砍树木和采摘野果，由于大片龙林的存在与保护完好，过去西双版纳地区的河流沟渠有充足的水源保障农田灌溉。

第三，水作为一种重要的宗教媒介，在宗教活动中扮演着特殊的角色，人们通过水来表达愿望。傣族、布朗族、哈尼族等民族都把水作为一种神圣的物质，人们认为通过水可以消灾免难，例如临沧、西双版纳地区的傣族人信仰佛教，人们在念经的过程中要通过滴水来表达好的愿望，每年新年中第一个重要的活动就是用清水为佛像沐浴净身。在很多民族中，水和水神灵还被人们作为表达自己愿望的媒介，例如丽江市石鼓乡的普米族人认为，通过乞求水神灵可以获得财富、人口等，实现自己好的愿望，因此，人们每年在大年初一要到村子的龙潭边祭祀龙神，向龙神要人、牲畜和庄稼，乞求人气兴旺、粮食丰收。

第四，对水神灵的敬畏还衍生出了对水的禁忌。如墨江县的哈尼族不能在村寨饮用水的水井边打水洗脚，更不能在水井周围大小便，狗不能在水井边洗澡。傣族妇女不能在水井边洗澡。

对水的敬畏也衍生出了一些特殊的文化，例如很多民族都会将水井装饰得很漂亮，傣族人在水井上面要建漂亮的装饰物，有佛塔、住房、龙头等形状，不让水井裸露在自然的环境中。在很多地方的水源和水潭处，人们会建寺庙祭祀龙神，例如丽江纳西族在黑龙潭周围建了很多壮观的建筑，这些建筑虽然不完全与水神灵有关系，但是选址在龙潭周围也同样折射出了水文化的含义。

5. 水与社会生活。水是人类不能缺少的自然资源，因此水与各个民族的社会生活密切相关。在日常生活中水的使用是普遍的，但是由于不同的民族文化差异，水在社会生活中所扮演的角色是有差异的。在人生礼仪方面，很多民族在人出生的时候要用清水沐浴，以表示吉祥。如基诺族在孩子出生后要马上用冷水沐浴，这不仅仅是为了洗去污秽，还有表示通过水来迎接孩子来到世间，孩子在未来会健健康康成长的含义。藏族、普米族等族结婚前的沐浴被看作是人生的一件大事，要选择清澈的河流、湖泊来进行。

很多民族在人去世的时候也要用清水洗涤遗体，然后才埋葬或火化。这一切都反映了水和人生礼仪的特殊关系，水在其中扮演着吉祥、除秽的角色。很多民族有在新年的第一天到来时到水井或河流中取水的习俗，如哈尼族、德昂族、纳西族及滇中的汉族、藏族，在每年新年的第一天凌晨就要早早到河边或井边去取水，往往以谁家能够取到第一桶水为最吉祥。文山的壮族人每年初一破晓时就要来到河边抢挑第一桶水，人们认为喝了新水以后一年中能避邪、强壮，当新水被取回家中后人们要在门前燃放 12 个特制的大鞭炮，以示新春入门、吉祥如意。新年取水是新年开始的第一件大事，最能够反映水在人们生活中富足、吉祥、平安的象征意义。

基诺族、佤族的新娘在新婚第二天一早就要用竹桶到水井边去背水，这样就说明她已经开始了在这个家庭中的新生活。水的特殊功能与角色在一些特殊的场合能够得到充分的表达。傣族是一个热爱水的民族，集体沐浴是傣族社会生活中一项重要的活动，每天劳作之余人们都会到村子边的河流中沐浴，在这个过程中人们可以交流信息、洗去尘埃、嬉戏。而新年则是一个水的节日，人们通过互相泼水来表达祝福，用水来表达生的快乐，因此，傣族的傣历年节又被形象地称为“泼水节”。

6. 利用水及管理水的规范。云南的各个少数民族自古以来就形成了大量的有关水的利用、水源保护及管理的规范，这些规范对于各少数民族的水环境起到了非常重要的保护作用。

第一，各少数民族都有有关水源保护的规范及传统习俗。人们认为水主要是来源于森林中，因此，水源林是人们重点保护的对象，都有习惯法或是明文规定不许砍伐水源林、不许在水源林中放牛与放马等。在西双版纳的很多封建法规中，都有水渠等设施的保护、水量分配的责任人及水设施管理修复要分担的责任、对破坏水设施的处罚等规定，对于有序使用水资源、保护水设施起到了积极的作用。绿春县骑马坝的傣族，在20世纪50年代以前的地方法规中就规定了毁坏水源林及沟渠要按照情节轻重按三十三、六十六的数额进行罚款，三十三即罚33斤肉、33斤米、33斤酒，六十六即罚66斤肉、66斤米、66斤酒，以上这些处罚对于破坏水源的人来说是一个极大的负担，因此强有力地约束了当地人们的行为。

第二，水设施管理的规范。20世纪50年代以前，在西双版纳、德宏等傣族地区水的灌溉设施每年都要进行修复，修复时由头人组织全村的劳力集体进行，修复后由上级的水官检查：在水渠里放置一个竹筏，竹筏能顺利漂到下游就表明水渠修复成功，如果在中途被卡住，那就说明水渠没有修好，要受到处罚。修复水渠以后还要祭祀水神。在西盟的佤族、文山的壮族和瑶族等民族中，每年修复用于引水的竹水槽也是一项重要的工作，一般都是全村集体进行，历时多日，在修复水槽以后要祭祀水神，对于破坏水槽的行为要进行处罚，这一切都成为村寨一种重要的传统规范。

第三，在各个民族中还存在很多对水进行保护的传统习俗，这些习俗实际上也已经成为固定的社会规范。如在水井、水源头不许大小便、不许洗澡洗衣，不能让牲畜在井中直接饮水，每年还要清理、打扫水源及水井、水塘等。

二、少数民族水文化的变迁对水环境的影响

20世纪50年代以来，各少数民族地区经历了从政治到经济体制的巨大变化，加之在这个过程中国家的开发建设等对各地的环境产生了巨大的影响。在政治上经历了“大跃进”与“文化大革命”，各个民族的传统习俗、社会规范、宗教习俗等在这个过程中受到了极大的破坏，有的甚至丧失了；在经济上重新调整了经济关系及土地、森林、水等资源的权属关系，由过去的传统状态调整为人民公社时期的集体所有，一直到80年代以后再次包产到户。在这些过程中各种传统的有关自然资源的社会规范都受到了极大的影响和改变，给各少数民族地区带来了不同程度的水环境问题。

水文化在这个过程中的变化有：第一，影响人们对水的敬畏观念。如上所述，各个民族在历史上对于水都怀有敬畏，对于水与人类的生存关系有深刻的理解，正是在这种观念下人们对水既怀有崇敬也怀有畏惧，因此，通过宗教等方式来加以表达，也通过宗教的方式保护水源和水环境。这些观念在近几十年来渐渐都淡薄了，尤其是青年一代现在对水与民族的起源传说没有了更多地了解，对水的敬畏、崇敬等都已经较祖辈淡漠。笔者在田野研究中发现，在一些民族中，青年人仅有水充足或者短缺的概念，并不像上一辈人那样认真地思考水环境对于自己和下一代人生存之间的关系及该如何保护水环境。

第二，有关水的宗教习俗在近几年来已大大改变或丧失。很多民族对水神灵的祭祀都已经成为历史，尤其是青年一代不再相信水中有神灵，也不再对水神灵进行祭祀。

第三，随着经济关系的变化，森林、土地、水等资源的权属关系在过去几十年经

历了多次的调整，这些调整也使人们传统的用水、管水的观念、习俗、规范等发生了变化。例如现在很多地区水资源的管理已经从20世纪50年代以前的地方封建政权、村社管理使用转变为政府集体管理的模式，村民们对于参与灌溉设施、水资源管理的积极性已经大大减弱，甚至丧失了参与管理的权利，仅在村寨中设有管水员对村寨的水灌溉等活动进行管理。由于权属关系的调整，在历史上属于村社管理的水源林、水潭、泉水等与村民的直接利益已经脱节，因此很多水源林在过去几十年中也遭到了砍伐、破坏。水源林、泉水、水潭等过去往往被视为神地的场所，很多现已失去了明确的管理主体或管理规则、制度，使水源在各地都受到了不同程度的破坏。

第四，由于传统的水文化中亲水、敬水、管理水的社会规范的丧失，人们在使用水资源、对待水环境上往往已经没有了传统规范的约束，尤其是对水井的爱护之情、对于水潭的种种敬祭的规则、对于水源林的保护规则等内容的丧失，使得人们对待水环境缺乏积极的习惯和行为。在很多农村社区中，人们随意排放污水，在过去限制洗澡、洗衣物的水沟、水塘、水池、水井等地点为所欲为，导致水环境遭到污染。一个十分明显的例子是在勐连县的上允角村，这个村子有一个祖祖辈辈被人们视为神湖的龙潭，过去这个龙潭受到种种传统的宗教习俗以及社会规范的保护，龙潭的水灌溉着稻田，供应着人们的日常用水，但是现在由于管理产权的缺失，没有明确的管理责任者，同时过去保护龙潭的有关宗教规则和社会规则都已经丧失，因此弱化了对龙潭的保护，加之近几年一些小工厂的建设把大量污水直接排入其中，使龙潭受到了严重的污染，已经难以用于灌溉与生活。在腾冲市荷花乡的一个佤族村寨，村寨中的主要水源也是一个龙潭，过去人们认为龙潭里住有神灵，人们每年都要进行祭祀，传统的社会规范也规定人们不能在龙潭中洗衣物、洗菜、洗澡，不能将脏东西扔进里面，不许随便开挖龙潭周边，违反的都会受到村寨的处罚。所以当时村子周围绿树成荫，龙潭中的水清澈见底。经过几十年的社会变革及权属关系的调整，人们这些方面的传统观念与规则基本上都已经丧失，对于龙潭没有足够的管理和保护措施，龙潭的水环境状况和历史上已经大不一致，人们在用水的时候也显得较为随意，将污水、动物的粪便等排入村子周围的小河沟中，在其中清洗污物，使得河沟中的水受到污染，垃圾遍布在河沟边。

总之，当代的水环境变迁的一个最大负面结果就是有关水意识的弱化及水的使用、管理及水环境保护的社会规范的丧失，从而使水环境保护丧失了重要的文化基础，导致很多地区水环境的恶化，出现了不同程度的水环境问题。这主要表现在以下几个方面：

一是水短缺。尽管在历史上一些地区就存在环境恶劣所带来的水短缺问题，但是近几十年来大环境的变化加剧了这种现实。在一些过去水资源十分丰富的地区，大环境改变所带来的水问题十分明显，例如在西双版纳等森林资源富集的地区，由于在20世纪六七十年代过度地砍伐森林用于种植粮食，从而导致山区对坝区供水量的减少，使得坝区的很多粮田都变成干旱的农田而不能耕种，仅在西双版纳80年代初期被称为“雷响田”的干旱农田就以数千亩计。同时由于西双版纳等地区大量种植橡胶树，而橡胶树林缺乏与天然林相同的涵养水分的功能，相反需要大量消耗水分，从而也加大了当地水资源的短缺。森林植被的破坏所造成的水短缺在云南是一个普遍现象，森林植被的破坏不仅造成了水的短缺，也造成了频繁的自然灾害，如在新平彝族傣族自治县近年来就发生了多次较为严重的洪灾，而这些洪灾与近几十年来森林遭到毁坏有直接关系。

二是水污染。近几十年来各地发展了不同的种植业并建设了很多加工型小工厂，产业的发展直接造成了很多民族地区水环境的恶化，如在云南南部农村大面积种植橡胶、甘蔗等经济作物的过程中，大量使用化肥、农药等导致化学用品的残留物随着雨水的冲刷渗透到地下，污染河流及地下水源，造成水井及生活用水的污染，同时为加工产品而建的很多橡胶厂、制糖厂、造纸厂等小工厂排放的污水没有经过处理就直接排入河流，造成水环境的污染。随着人口的增多，各地城乡居住区域在不断扩大，水的使用量也在增加，生活污水的排放在云南农村普遍缺乏完善的设施，大多数的生活污水直接排入河沟、池塘，同样也不同程度地污染了环境。水污染也是造成农村生活用水短缺的又一重要原因，例如在西双版纳等地区很多水井就由于地下水的污染而不能再食用，水管等饮水设施引进村寨的水很多都不能用于饮用。由于水污染，很多传统都因此而改变。前文提到的傣族每日的沐浴的习俗随着近年来水环境的污染也逐渐消失。

三是影响到了人们的食物安全与身体健康。受污染的水环境中所生长的可食用动物及植物都潜藏着对人体健康的威胁。云南很多少数民族都采集可食用的野生植物作为主食的补充，今天在很多地方野生植物由于水环境的污染同样也受到了污染而不能再食用。很多过去生长在浅水中的鱼、虾、螃蟹等水生动物也是人们经常捕食的，近年来这些水生动物一方面随着污染而大量减少，另外一方面也受到了污染而不再适合食用。

三、水文化在当代的价值与创新

从上面的论述中我们可以看出，在各民族的历史发展中，水文化作为一种社会意识与社会规范支撑着不同的民族的生存与持续发展，对各民族的生态平衡起着积极的作用。社会变迁导致水文化的丧失则带来了人与自然之间平衡关系的改变，使人们缺少对于自然的敬畏，从而最终也改变了人类的生活，对人类的可持续发展造成了威胁。水文化作为一种社会意识、社会习俗与社会规范，对于平衡人与环境之间的关系、保护环境发挥着重要的功能，这在我们前面的研究中已经指出。

1. 水文化在当代的价值可以从下面两个方面来理解：

第一，水文化意识有助于人类平衡与自然之间的关系。水文化是基于人类长期以来和自然共存的过程中所积累起来的对于水与人类生存之间的关系的深刻理解之上的，有了这样的意识，人们才能亲水、保护水、爱惜水，注重平衡水与可持续发展之间的关系。在当代的水环境保护中，需要强化人类的水意识，这种意识是每一个民族保护水环境、获得可持续发展的文化基础。

第二，水文化包括保护水环境的社会规范与传统制度，这些制度约束着人们的行为，要求人们保护水环境，限制自身对于水环境的不良影响，这些社会规范是通过人们不同的观念、宗教禁忌、传统习俗以及传统的成文或不成文的规则体现出来的。历史上人们遵守这些规范，从而使水环境得到了保护。在当代的水环境保护与可持续发展中，人们同样需要这些规范来规定人与自然之间的关系，使各民族自觉、主动地保护水环境，求得人与自然之间的平衡。

2. 传统的水文化与当代的创新。各民族的水文化是在过去千百年的生存过程中积累形成的，因此，它与当时的社会文化基础有直接的关系。在当代，各民族生存的社会与自然环境都已经发生了巨大的变化，传统的水文化虽然在今天的水环境保护中仍然有重要的价值，但是它毕竟已不能完全适应当代的发展，各民族传统的水文化需要随着时代的发展与社会、自然环境的变化相适应进行新的文化创造，形成一种与可持续发展相适应的新的文化体系。例如当代各民族资源的产权关系与传统相比较已发生了巨大的变化，水源、水设施等都已经从传统的村社拥有、管理转化为国家拥有和管理。过去地方传统的规范，包括一些土司的封建法规对于水资源的管理产生了积极的影响，而当代这一切已发生了变化，因此水文化的创新必须在传统之上与当代的法律、法规相适应，制定新的规范。

当代的水文化建设还应与科学技术相结合，人们除了需要有强烈的保护水环境的意识以外，对当代已经恶化的水环境进行治理是当务之急。各民族在治理水环境的过程中不仅需要传统的知识，也必须结合应用科学技术，通过科学的方法与手段来治理、保护水环境，使科学技术与传统的水文化相结合，创造出一种科学的水文化。

参考文献：

[1]郑晓云.傣泰民族先民从云南向东南亚的迁徙与傣泰文化圈的形成[M]//陈吕范.泰族起源与南诏国研究文集.北京：中国书籍出版社，2005.

（本文原载于《云南社会科学》，2006 年第 6 期。作者为湖北大学中国长江文化研究院院长、教授、博士生导师）

巴渝水文化研究的开山之作

——识读《巴渝水文化概论》

程顺钦

摆在我案头上的是一本名为《巴渝水文化概论》（简称《概论》）的书稿，作者吴松、程得中在重庆水利电力职业技术学院工作，与我算是同行。因我近十余年曾参与《中国河湖大典》重庆条目撰稿和编写《重庆市水利志》，他们所著《概论》又与我曾从事的业务密切关联，因此我对书稿的关注度就非常高了。我迫不及待地通读了书稿，感慨良多。作者在广泛搜集资料，并汲取其他学者研究成果的基础上，从理论上条分缕析，对水文化内涵及学科体系建设进行了有益的探索。《概论》中巴渝水文化资料之丰富，作者对巴渝水文化研究之系统及其见解之独到，以及对弘扬巴渝水文化、推进重庆水利改革发展与“山水城市”建设的思考乃我所仅见。从这个意义上讲，《概论》可谓是巴渝水文化研究的开山之作。下面我不揣冒昧，就书稿本身说些浅见，以作引玉之砖。

水与人类社会关系至为密切，水文化越来越受到重视。为研究和弘扬水文化，作者在绪论中对水文化内涵进行了分析，提出建立独立的水文化学科体系的建议。根据狭义的文化的定义，将水文化界定为对水的知识、信仰、道德、法律、习俗以及其他与水有关的精神产品。明确水文化是由精神信仰、知识成果、实践应用三个层面构成的有机整体，是一门涵盖人文科学和社会科学的综合性学科。并由此展开，对水文化学科体系建设的构架进行了有益的探索。作者的这些研究与观点颇具新意，对今后巴渝水文化研究有一定借鉴和指导意义。

从《概论》中文明与物质成果篇的写作可见作者治学态度之严谨。做学问，首先要掌握大量的资料。作者不仅从《太平御览》《水经注》《后汉书》《山海经》《华阳国志》《战国策》《新唐书》《太平寰宇记》《舆地纪胜》《宋史》《明史》等古代经典中，也从如《四川通志》《重庆府志》《江津县志》《永川县志》《云阳县志》《巴县志》等地方志中辑录了大量史料，并借助于如《重庆通史》《巴族史》等现代当代学者著作或辑录的有关资料，使《概论》写作做到言出必有据。《概论》让读者领略到了“因水而生”“因水而兴”“因水而荣”的巴渝文明和各历史时期巴渝水利建设的概况。在浩如烟海的古今典籍中搜集资料，去粗取精，去伪存真，耗费大量心血换来高质量的作品，难能可贵！

在“文化遗产篇”中，作者对巴渝桥涵码头、堤坝渠堰、池塘井泉及其他水利设施和滨水石窟寺及石刻等作了介绍，其中，重庆境内水文题刻颇负盛名。涪陵白鹤梁题刻有“世界第一古代水文站”之誉，是全国重点文物保护单位。巴渝地区山势险峻，江河纵横，独特的地理环境孕育了特色鲜明的地域水文化。如历史上颇具影响的五斗米教涪陵易学，以及与水有关的民俗和信仰等。作者将艰苦的自然环境、江河航运以及外来文化等归列为影响重庆人性格形成的主要因素，还概括了重庆人英勇顽强、吃苦耐劳、敢于冒险、团结协作、豪爽直率、热情泼辣、开放包容的性格特点。作者对重庆人性格特点的探析、归纳和总结也颇具新意。

作者还对文学的发展与经济社会的关系作了探析，对各历史时期巴渝地区水文学发展概况做了论述，并辑录了巴渝地区大量与水有关的诗词歌赋与散文。所搜集的巴渝水文学作品，以唐宋时期最为精彩；从地域上看，又以三峡地区的诗词文赋最丰富，奉节有“诗城”之称，三峡获“诗峡”美誉。巴渝水文学作品内容涉及自然风光以及与水有关的神话传说、农商生活、舟楫航运、治水精神、民风习俗等诸多方面，晚清近代时期新增加了救亡图存主题，现代又有大量反映水利改革发展和三峡工程建设与移民的作品。2006 年 5 月，川江号子被列入首批国家级非物质文化遗产名录。书中作者对巴渝水文学发展的研究很有见地，所辑录资料相当丰富，对今后巴渝水文学研究具有基础性作用和借鉴意义。

水是生态系统的控制性要素，水安全已上升为国家战略，水生态文明是生态文明的重要组成部分。走向生态文明新时代，建设美丽中国，是实现中华民族伟大复兴中国梦的重要内容。习近平总书记深刻指出，河川之危、水源之危是生存环境之危、民族存续之危。重庆当地水资源缺乏，水旱灾害频繁，水质污染和水流失严重，水生态环境容量有限。在“生态文明篇”中，作者分析了重庆水资源开发利用和存在的问题，按照生态文明和绿色发展的理念，提出了水生态文明建设应遵循的三项基本原则（整体性原则、可持续性发展原则、统筹兼顾原则）。作者描述了将重庆建成碧水青山、绿色低碳、人文厚重、和谐宜居的水生文明城市的目标，还就强化水资源节约、保护和严格管理作了论述。这些探析对推进重庆节水型社会建设、水生态文明建设和“山水城市”建设有积极意义。

重庆是一座有 3 000 多年历史的中国历史文化名城，市境内有国家级历史文化名镇和市级历史文化名镇（传统街区）、三峡库区迁建保护的传统风貌镇、亟待抢救的传统风貌镇共 30 余个。它们多沿江河而建，与山水、江河环境融为一体，建筑古朴中透出诗意，随意中颇具匠心，历史文化遗存众多，文化底蕴深厚。《概论》中依次叙述了宁厂、万灵（路孔）、青羊、龚滩、偏岩、龙潭、后溪、安居、白沙、洪安、濯水、龙溪、西沱、东溪、中山、松溉共 16 个古镇。巴渝古镇是巴渝文化、三峡文化、移民文化和民族文化的缩影，是重庆城镇发展的见证和历史的结晶。如石柱县西沱镇为首批国家级历史文化名镇。“1995 年美国 F. Associates 教授和北京建筑工程学院的教授到西沱镇考察，美国教授欣喜若狂地认为古代城镇商业经济的典型在西沱镇，是因为西沱镇的兴起比西欧城镇的兴起要早得多，城镇的真正起源应在中国”（《巴渝历史文化名镇》）。作者对巴渝古镇的研究为我们开启了一个了解和研究巴渝水文化的窗口。

在《概论》“教育篇”中，作者认为道家创始人老子“水几于道”的哲学思想是水文化教育的理论渊源，提出水文化教育理念本质是“以水育人”、教育目标指向是

“人水和谐”、教育实践方式是“以点带面”。重庆水利电力职业技术学院以“上善若水、学竞江河”为校训，在打造以水文化为特色的校园文化、以水文化教育理念全面育人、依托水利行业开展水文化研究等方面成绩喜人，并取得了“五个一”的标志性成果：成立重庆市水文化研究会；建成重庆市水文（化）科普展览室；创办《巴渝水文化》期刊；开展了一系列活动（在“世界水日”“中国水周”等活动中加入了水文化内容）；取得一批研究成果（其中“重庆三峡库区水物质文化遗产保护研究”“历史时期巴渝地区塘堰建设及管理模式研究”等七项获市级立项）。作者在水文化教育方面的思考很有见地。重庆水利电力职业技术学院在水文化教育与研究方面的探索和实践，为高等水利院校水文化教育与研究提供了参考。重庆江津区圣泉学校以“上善若水”“海纳百川，润物无声，水滴石穿”为内容的“一训三风”，以及在水文化教育方面的探索与实践，为中小学水文化教育提供了范例。

水是人类文明的源泉。从一定意义上说，中华民族悠久的文明史就是一部兴水利、除水害的历史。在长期实践中，中华民族形成了独特而丰富的水文化。水文化是中华文化和民族精神的重要组成部分，也是实现又好又快发展的重要支撑。吴松、程得中所著《概论》打开了人们学习、研究巴渝地区水文化的方便之门，我为他们取得的成果感到由衷高兴！我相信，通过修改完善，《概论》必将更加凸显地域特色、水文化特色，更能全方位地展示和论述巴渝水文化。“路漫漫其修远兮，吾将上下而求索。”我在这里诚挚地祝愿吴松、程得中两位同志在今后的教育教学和科研实践中，为弘扬巴渝水文化作出新的贡献！

（作者为原重庆市水利局副巡视员，《重庆市志·水利志》主编）

关于重庆水文化建设的思考

陈　敏

习近平总书记在党的十九大报告中指出：满足人民过上美好生活的新期待，必须提供丰富的精神食粮。他要求当代中国共产党人和中国人民，要在实践创造中进行文化创造，在历史进步中实现文化进步。

为全面贯彻这一精神，抓好重庆市水文化建设工作，根据重庆市水利局党组安排，笔者近日赴浙江、江苏和北京进行了学习调研，考察了中国水利博物馆、浙江治水馆、安吉生态博物馆、江苏南京水利展示馆等水文化博物（展示）馆，了解了淮安市清晏园、萧湖等水文化建设情况，走访了公安部消防局中国消防博物馆、最高人民检察院人民检察史展览馆和中国水利水电出版社水文化分社等。从学习调研的情况看，笔者认为当前全国水文化工作呈现出三大特点。

一是各级领导高度重视。水利部已形成了机关党委、精神文明办、水情教育中心、中华水文化专家委员会、中国水利政研会、中国水利文协等共抓水文化建设工作的大格局，陈雷部长出席水文化方面的会议并讲话，还亲自为“中华水文化书系”作序，周学文副部长担任了“中华水文化书系”编纂工作领导小组组长。不少省市都制定了水文化建设规划纲要，并根据部署积极推进水文化建设。2017 年 11 月 29 日，浙江省委省政府《关于推进文化浙江建设的意见》中再次明确：加强对海洋文化、治水文化、运河文化等的研究，推出一批有重要影响的原创性成果和标志性成果。江苏省政府在 2017 年 10 月 9 日发布的《关于印发江苏省生态河湖行动计划（2017—2020 年）的通知》中明确指出：加强水文化建设，大力传承历史水文化，持续创新现代水文化，不断弘扬优秀水文化，充分彰显特色水文化，丰富河湖文化内涵，形成“爱水、惜水、护水”的良好社会风尚，要求省发改委、文化厅、水利厅、住房城乡建设厅、交通运输厅、教育厅、海洋与渔业局等通力合作，打造大运河文化带、建设水文化载体、创建水美城乡。

二是各种措施综合运用。水利部和全国各地采用多种措施加强水文化建设，设立机构、配备编制、组建队伍、预算经费、制定规划、加强研究和科普、推进项目建设等等。如水利部重点抓好水文化建设的顶层设计，做到了十年一个规划纲要（2011 年水利部出台《水文化建设规划纲要》），三年一个行动计划（先后印发了《水文化建设 2013—2015 年行动计划》和《水文化建设 2016—2018 年行动计划》），每年一个工作通知，把水文化建设与水利行业精神文明建设一同部署，还与中宣部、教育部、团中央共同印发了《全国水情教育规划（2015—2020）》。

浙江 2002 年开始筹建中国水利博物馆，破土动工前夕，时任浙江省委书记的习近平到现场视察，后经国务院批准、中编办批复，这个博物馆由水利部和浙江省政府共同管理。现浙江正依托中国水利博物馆开建“浙江治水馆”专馆，全面展示浙江“五水共治”成就，建“钱塘江文化长廊”，还要求各个水利工程在建设时同步建展览展示馆，并先后出版了《五水共治典型案例》《五水共治科普知识问答》《五水共治共圆水乡梦》《五水共治美丽浙江》等水文化专著20多本。北京投资建设了北京节水展馆，形成了“展馆＋湖泊”的教育路线，与教育部、党校、部队等联合开展“七进”活动，并将其纳入中小学生学分教育体系。

三是各种成果层出不穷。首先是建成了一大批展览展示馆。如江苏淮安依托辖区内的河道总督府（清晏园）、中国漕运博物馆、淮安运河博物馆等，开展大量水文化遗址（文化）展陈、研究和传播等工作。浙江安吉博物馆改为生态博物馆，并形成了“1个中心馆、12个专题馆、40个村落馆”的格局。天津节水科技馆2010年对外开放，是我国目前规模最大、展示内容最丰富的现代化节水科技馆。陕西水利博物馆2012年建成，是正处级事业单位，由国家财政全额拨款，目前正在启动第二期工程。宁夏水利博物馆2011年建成，为事业单位。湖北武汉的长江文明馆2015年建成，年接待游客150万人次，被评为“全国博物馆十大精品陈列展览”。三峡工程博物馆正在紧张建设中。福建正在建设中国水文化博物馆。

其次是出版了一系列水文化书籍。如水利部出版了新中国成立以来首次全面系统编写的水利历史文献《中国水利史典》（10卷，50分册，约5 000万字），出版了“中华水文化书系”（26分册，约720万字，包括“水文化教育读本丛书”“图说中华水文化丛书”“中华水文化专题丛书”）。江苏省水利厅和教育厅联合编印了《最美不过家乡水——江苏水情学生读本》（小学版和中学版），向全省中小学赠阅。水利厅专门组织力量编辑出版“水文化丛书”6本（分别涉及水与明贤、诗词、遗产、书法、建筑、音乐等）。陕西水利厅还先后出版了《陕西水文化遗产名录》《陕西历代治水人物传略》《陕西水文化研究与实践》《陕西水利人的精神高地》《秦水情》《月亮河的传说》等水文化书籍。

第三是开展了一系列水文化活动。如水利部评定了共两批20个全国水情教育基地（重庆市白鹤梁题刻名列其中），推出《中国水文化》（长江水利委员会承编）、《江河》（中国水利报社承编）等杂志，在《中国水利报》开辟水文化专栏等。江苏每年拨出经费20万元资助水文化课题研究，开展水文化遗产普查、水利话剧编排、治水报告文学创作、微电影拍摄等工作，还修改了城市防洪工程建设规程，增加水文化和水景观内容，增加水文化专家评审和验收。四川出台《蜀水文化建设纲要》，开展省、市、县三级的水文化干部培训。

重庆在水文化建设方面也进行了一些尝试，如编制了水文化建设规划纲要、成立了水文化研究会、编印了《巴渝水文化》杂志7期、举办了巴渝水文化论坛2次、开展了水文化课题研究、出版了《巴渝水文化概论》一书、建设了一个小型展示馆。铜梁、荣昌、云阳等区县水利局创办了水文化园地。江津圣泉小学创建了水文化校园，编印了水文化资料，形成了水文化特色的校训、校风、教风、学风。但总体而言，重庆市水文化建设工作起步晚、进步慢，在水文化理论研究、实际建设、精神传承等方面还需要提高认识、深入挖掘、解放思想、开拓创新。

借鉴各地先进经验和成功案例，结合本地实际，笔者认为，重庆市水文化建设应充分发挥后发优势和行业优势，立足本地、面向全国、放眼世界，紧紧围绕“增强行业文化自信，聚集行业发展动力”这个中心，按照“从水利发展实际工作中来、到水利发展实际工作中去”的基本原则，抓好“水文化展馆”“水文化丛书”和“水文化活动”三个核心载体，确保水文化建设接地气、聚人气、鼓士气。当前，应重点抓好以下工作：

一是制定一个计划。要全面贯彻党的十九大精神，紧紧抓住“两个百年”奋斗目标，尤其是2020年全面建成小康社会的总体要求，结合新时代新思想，根据重庆水文化建设规划纲要和水利部下一个三年行动计划，按照以人民为中心的发展理念、增强全社会水文化自信的发展目标和当前可承受、未来可持续的发展原则，制定《重庆市水文化建设2018—2020年行动计划》，确定当前全市水文化建设的总体部署、年度任务和保障措施。

二是明确一套班子。包括成立由局主要领导为组长、分管领导为副组长的水文化建设领导小组，专门论证、决策、协调和统筹水文化建设各项事宜；聘请全国顶级水文化专家组成顾问团队，专门为水文化建设提供政策咨询、技术把关和决策建议，同时培养本土的水文化专家队伍；通过委托水文化研究会、组建水文化公司等多种方式，明确水文化建设各个项目的具体执行机构。

三是开展一次培训。以贯彻党的十九大精神为契机，组织一次全行业内的水文化建设干部培训班，重点宣传党的十九大精神，增强文化自信，同时把干部培训与思想交流、座谈建议和建设动员结合起来，实现组织队伍、培训干部、宣讲思想、传达精神、集中智慧、统一思想的目的。

四是签订一批合约。与重庆市委宣传部、市文化委合作，在水文化遗产发掘和保护、涉水文物整理和网上集中展示、电视专题片和纪录片制作播放、水文化作品和剧目打造等方面探索创新；与市教委合作，编写出版水文化教材，在大中小学生中开展水文化教育；与市科委（科协）在水科技发明、推广和展示、科普等方面加强合作；与市旅委在水景观（区）打造、游客引导、水文化推介等方面加强合作；与市城管委在水文化公园、水文化广场、水文化街区建设方面加强合作。

五是制定一套政策。结合实际制定出台一批考核、投资、评定、建设、维养、合作等政策，引导全社会关心、关注水文化建设。体制和行业内充分利用行政手段，完善建设标准，如要求新建大型水利工程必须增加水文化内涵，引导各区县和各处站积极主动参与；行业外充分利用市场手段，培育水文化消费市场，引导社会资本投入水文化建设，力争形成上下一心、左右协调、内外和谐的水文化建设齐抓共管格局。

六是打造一批展馆。据统计，全国现有涉水博物馆（展览展示馆）150多家，其中已有30家结成联盟，联手走向世界。重庆水文化建设要取得突破，必须要有标志性展馆，把水文化具象化、实体化。一是可在已有的展馆里评定一批标志性展馆，如评定市级水情教育基地、市级水文化遗产保护单位、市级水利风景区等。二是借助现有的广场、公园、校园、景区等，打造一批水文化广场、水文化园、水文化校园、水文化社区、水文化景区。三是新建设一批展馆，如可整合全市所有博物馆和文管所里的涉水文物，建设重庆市水文化网上博物馆；依托长江流域枯水和涨水题刻，建设长江水文题刻网上博物馆；依托辖区内1 000多个水文化遗产，建设水文化遗产网上博物馆。实体馆可建水楹联博物馆、百馆汇、百名治水人物馆、新时代新思想新成就展馆等。展馆建设要因地制宜，坚持综合馆与专题馆相结合，室内馆与室外馆相结合，市级馆与区县馆相结合，网上馆与实体馆相结合。

七是出版一批读物。读物内容可分三个层次：一是理论研究层面，借助水文化研究课题，出版水文化专著，编辑好《巴渝水文化》杂志，为水文化建设提供源源不断的理论支撑；二是社会宣传层面，编辑出版大量水文化读物，满足人民群众文化生活的需要；三是科学普及层面，针对大中小学生，出版连环画、绘本等科普读本，普及水知识，宣传水精神，推介水人物，如介绍治水小故事、治水人物、治水诗词、节水小常识等。

八是举办一批活动。借助媒体的推广作用和政府机构的权威性，开展评定评选、宣传推荐、座谈论坛等活动，如评选新时代十大“禹王”、十大水文化遗产、十大节水创意、十大节水单位（社区、家庭、标兵、小明星）等，在活动中宣传典型、弘扬精神、鼓舞士气、营造氛围、培养干部。

九是研制一批产品。借鉴先进经验，结合本地特色，嫁接民间工艺，打造一批水文化创意产品，既展示成果，又占领市场。

十是固定一批预算。整合内部资源，各单位的宣传经费、水情教育经费、干部培训经费、课题研究经费、水利项目建设经费都要与水文化建设结合，向水文化建设倾斜，集中行业力量扎实推进水文化建设。同时，积极争取发改委、财政、文化、旅委、科委（科协）、城管等的支持，在水文化研究、建设等方面给予立项和资金倾斜。

（本文原载于《中国水文化》，2018年第11期。作者为重庆水利电力职业技术学院党委副书记，重庆市水利学会水文化专委会主任）

试论我国水文化教育传播的发展现状和对策

陈晓耘　孙　赫　侯　新

一、水生态与水文化

（一）水生态概述

水是生命之源，是地球生命得以存在的物质基础。近年来，随着社会的发展和用水需求的不断增大，水资源短缺、水生态退化、水环境污染、江河湖海自净功能被日益破坏等问题愈发严重。面对日趋严峻的形势，我们国家开始高度重视水资源管理与保护，先后贯彻落实了一系列应对水生态环境问题的政策制度和修复措施，建设生态文明社会势在必行。水生态关乎我们每个人，我们要从点滴做起，爱护水、节约水、保护水，打造人水和谐的文明境界。

（二）水文化的概念和发展

水文化是指人类在社会实践、生活过程中与水发生关系所形成的各种文化现象的统称，是以水为载体的文化集合体。中华民族自古就有悠久的水利史和水文化，从早期大禹治水的神话传说，到春秋时期吴国开凿古运河（当时称为邗沟），经隋朝的大幅度扩修和元朝的翻修，贯穿南北的大运河（京杭大运河）全线沟通。现今举世瞩目的南水北调世纪工程的贯通，优化了水资源的再配置，解决了水资源东多西少、南多北少的难题，平衡分配，充分利用。无数的水利壮举，创造、积淀并丰富了博大精深、源远流长的水文化。

水文化是实践的产物，是由全体社会成员共同创造的，水相关行业的从业人员在水文化发展中占据主导地位。水文化的发展过程，是从实践到认识，再从认识到实践的循环往复以至无穷。人们利用水、改造水，同时加深了对水的美、水的价值、水的规律的认识。在学习水文化的同时，要充分认识我国传统水文化的历史意义和现实价值，传承和发扬先进水文化，从波澜壮阔的水利实践中汲取时代精神，丰富水文化，创新水文化，引导社会建立人水和谐的生产生活方式。

（三）水文化与水生态的关系

人类社会经历了原始文明、农业文明和高耗能的工业文明，从工业文明开始，人类的生产活动对水生态就产生了一定的破坏，各种污染在摧毁着我们的地球家园。现代以来，人们开始反省这种发展模式，认识到不能以牺牲环境为代价，加强水生态的恢复与保护是现代化可持续发展的重要保障。

水文化是水生态的守护神，是在社会发展中形成的对水的充分认识和利用的成果，是重要的文化财富，通过对古往今来水环境变迁的认识和不当发展对水环境恶化的教训，有助于总结人类生态环境保护的水生态举措；水文化是水生态文明的重要构成和支撑，通过文化、制度和技术三方面的途径，改善水生态环境，树立正确的用水观念，珍惜水，善待水；水文化是水生态领域的传播载体，水文化融会贯通于水生态，通过水文化了解当前水生态的状况，构建人与自然和谐发展的生态文化理念，这是生态理念融入生活的有效途径，也是水文化向生态文化领域传播的真实写照。

二、当代水文化传播教育途径

（一）水文化公益讲座的普及

随着社会对水文化的重视，各地逐渐开展了水文化相关的公益讲座，这是水文化向大众普及很重要的一个途径。例如成都图书馆邀请《人文地理》专栏作者、《成都河流故事》主编华桦作了主题为“成都河流与蜀水文化”的讲座，带领听众了解成都河流的故事[1]。安徽人文讲坛邀请蚌埠学院淮河文化研究中心副教授朱光耀作了“淮河水文化”的专题讲座。讲座分为“文化”“淮河文化概述”和“淮河水文化”三个专题，在“文化”专题中，进行了文化与文明、文化的差异性、文化的重要性三个方面的演讲；在“淮河文化概述”专题中，对淮河文化的博大精深、丰富多彩、源远流长进行了证明和讲解；在“淮河水文化”专题中，从源远流长、水工程、水工具、水崇拜、水传说、水风俗和水艺术等方面进行了分析和说明[2]。昆明市图书馆邀请现任云南省社会科学院院长助理、研究员、法国水科学院院长郑晓云作了“水文化与当代社会生活”的讲座，讲座展示了中外不同地域及民族的水文化，通过中外生动的实例让听众了解水文化的多样性、水文化与我们的日常生活的关系、水文化对保护当代的水环境的重要意义以及我们今天应当构建一种什么样的水文化[3]。重庆水利电力职业技术学院每年面向社会举办水文化论坛，已经召开的两届分别以“水与流域文明”和“水与水生态文明”为主题，中山大学周大鸣教授、河海大学施国庆教授、西南大学蓝勇教授等知名学者就水与流域文明、生态文明各抒已见，通过不同的学科视角进行水文化的分析解读，丰富了水文化的内涵，普及了水文化理念[4]。

通过全国各地开展的水文化公益讲座，我们可知现在社会对于水文化已经越来越重视，广大社会群众也通过这种方式了解水文化，日后这种公益讲座的普及必将使越来越多的人投入到水文化的学习研究中。

（二）中小学的水文化课题建设

各地中小学逐渐开始重视水文化，浙江省围绕“五水共治”开展水文化教育。“五水共治”政策是从 2014 年开始施行的，指的是治污水、防洪水、排涝水、保供水、抓节水这五个方面。现在浙江各地中小学也把“五水共治”纳入课堂，课余时间组织学生参观“五水共治”相关展览，听科普老师讲解“五水共治”和我们生活息息相关的事情，让每个学生都重视起水资源的保护。“五水共治”不仅能惠及民生、改善环境，也是经济发展、人民生活水平提高的最基本保障，有利于最终实现低碳、可循环、绿色发展。教育要从娃娃抓起，目前浙江各地的中小学对“五水共治”的高度重视也体现了未来水文化的发展方向，建立水文化理念，传承水文化精神，保护水资源，建设水生态家园，人人有责。

（三）水利院校增加水文化通识课

越来越多的学校开始重视水文化的教育，河海大学、华北水利水电大学、南昌工程学院、浙江水利水电学院、西安理工大学水利水电学院、安徽水利水电职业技术学院、福建水利电力职业技术学院、重庆水利电力职业技术学院、广东水利电力职业技术学院等院校先后开设了“中华水文化概论”选修课，其中浙江水利水电学院、重庆水利电力职业技术学院还把该课程列为必修课。华北水利水电大学面向全校学生开设了公共选修课“中国水文化概论”课程[5]。

通过学习水文化课程，培养学生的水文化素养，感受水的品质、水的意境，将水与传统文化、水与情感联系在一起。学生在学习知识的同时，感受到了大自然的宁静和谐，明白了做人的道理，培养了通透豁达、温润如水的品性。通过水文化教育，能够培育人、塑造人，有助于形成亲水、爱水、节水、护水的环保意识，实现人与水、人与自然、人与环境的和谐发展。

（四）水利行业博物馆开展水文化教育活动

水利行业博物馆很多，每家博物馆都在为水文化的传承教育做着贡献，以中国水利博物馆为例，每到 3 月 22 日“世界水日”来临，中国水利博物馆就会开展丰富多彩的水文化教育活动。2018 年 3 月 22 日是第二十六届“世界水日”，3 月 22 日到 3 月 28 日是第三十一届“中国水周”。中国水利博物馆于 3 月 22 日到 3 月 28 日每日定时在博物馆大屏幕上播放讲述中华治水故事的动画片，供观众观看。

策划实施“我在中国当一天河长”的外国学生体验活动，活动内容首先是参观中国水利博物馆，了解中国治水历程与古今治水成就；接下来，听一堂关于“中国的河长制与湖长制”的小讲座，了解中国创新的治水模式；最后，体验当一天河长，跟着河长实地巡河，了解河长的日常工作内容与职责，查看管理水域水质的情况，宣传河湖保护，加入治水、爱水、护水的队伍。

开展“水与衣食住行”主题巡展，图文并茂地展示水与服饰、饮食、建筑、城市、出行等方方面面的密切联系，体现了水在人类生活中扮演着重要角色，突出了节水、惜水的重要性。

进行“水的教育”青少年第二课堂研学实践，开设各种主题的小课堂，配合各类有趣的动手实验，让孩子们在学中玩、在玩中学。

当然，除了“世界水日”这段时间之外，各水利行业博物馆也都在积极开展各项水文化教育活动，让孩子们在课余时间能通过丰富多样的活动充实自己的课外生活，学习水文化知识，启发孩子们的兴趣，为他们日后到高等院校就读水利专业做启蒙教育，这也是水利行业博物馆的职责和使命之一。

三、水文化传播教育现状

（一）水文化传播教育中的发展进步

1. 中国水情教育中心的成立

中国水利博物馆、大运河博物馆、黄河博物馆（新馆）、小浪底博物馆等相继建成并投入使用，对社会公众开放。水利部依托《中国水利报》，成立了中国水情教育中心，并于2016年在北京市节水展馆、天津节水科技馆、河道总督府（清宴园）、中国水利博物馆、华北水利水电大学、深圳水土保持科技示范园、重庆白鹤梁水下博物馆、陕西水利博物馆等8家单位设立了水情教育基地。

2. 水文化教育活动广泛开展

各地学校积极开展大量丰富多彩的校园水文化活动和校外水文化社会实践活动，宣传我国面临的水形势，传承水文化。浙江同济科技职业学院每学期都会组织相应年级的学生参观中国水利博物馆，了解中华民族悠久的水利史和灿烂的水文化。华北水利水电大学组织学生积极参加河南省水利厅、河南省摄影家协会主办的水文杯“生态河南、美丽家园”摄影作品大赛，使同学们在青山绿水中感受水的魅力；校团委、水文化研究会联合组成的大学生暑期社会实践团队开展了“三水行”主题活动，以“水利工程认知之行、水利发展战略领会之行、水文化感悟与弘扬之行”为主题，进行水文化的宣传与弘扬工作。南昌工程学院组建了“我与环境共友好，携手保护母亲湖”等系列社会实践活动，通过水文化展、“水之魂”征文比赛、“水之能、水之魅、水之韵”书画大赛、“知水、爱水、节水”宣传活动等知识与艺术相结合的方式，既陶冶了同学们的情操，又增强了他们的水利意识，使广大学生深切体会到水文化的内涵和意义。

（二）水文化传播教育中的不足

1. 社会认可度有限

什么是“水文化”？对于很多人这是很陌生的概念，官方也没有给水文化下很明确的定义，导致这一词语的边界比较模糊。水文化到底是水给我们传达的优秀品质，还是所有与水有关的思想文化都算作水文化？在笔者看来，这分别是狭义与广义两个层面的水文化。社会大众对水文化的理解仅仅停留在水资源利用人的层面，因此，认为这是水利相关部门的事情，并未把水生态和个人切身利益联系起来。这种思想观念导致人们对水文化的重视程度不够，水文化未能深入人心，不能同生态环境改善、社会文化进步和人类生存质量提高联系起来。

2. 学科属性不明确

水文化涉及传统文化、水利技术、水文知识的传承与教育等方面的内容，不能明确地被归为文化学、水利学、思想政治教育学等学科，也很难独立地成为一门学科。这些跨学科的门类给了水文化巨大的发展空间，使其包含的内容非常丰富，但正是由于这种丰富性，导致水文化研究面临无法分门别类的尴尬境地。在我国各类高校中，很少有相关专业开设水文化教育课程，这在很大程度上影响了水文化教育的发展。

3. 教育内容缺乏系统性

由于水文化教育缺乏正统的体系，所以其内涵也没有得到深入的挖掘，水的精髓、水的精神、水的哲学都有待进一步挖掘与研究。我们现在只停留在水文化“概论”的层面上，并没有抓住更深层次的东西，导致无法建成新颖的课程体系，教育内容空洞、单一，缺乏具有多变性和富有色彩的水文化教育活动。中小学阶段接受的是水文化的科学知识普及，到了大学阶段，本来应该更深入地强化水文化教育，但是由于教学内容有限且缺乏系统性、深入性、思辨性，导致学生对水文化教育兴趣度有限，造成了当代大学生对我国水文化教育的内涵认知度不高、对水文化教育的价值认识不足等问题。

4. 资深科普教师缺乏

一个新的学科门类需要有资深的教育推动者，当前的水文化研究机构多在水利系统设置，教育主体相对比较单一。水利院校中专门从事水文化教育研究的学者还是少数，水文化教育的专业带头人相对稀缺，加之平台有限、重视度不够，给学者们提供的研究经费不够充足，导致很多资深教授与研究员都不愿意开展水文化教育这个方向的课题，学术成果相对匮乏。到了水文化教育社会普及这一环节的时候，资深科普教师数量远远不够，就会面临一些没有系统的水文化教育理论功底的教师来充当水文化教育工作者。没有很强的专业功底，在教学过程中也很难用专业知识来为学生答疑解惑，即使想做好这方面的工作，也显得力不从心，难以取得很好的教育效果。

（三）不足问题的改善对策

1. 加大水文化教育宣传力度

《中共中央、国务院关于加快水利改革发展的决定》提出："加大力度宣传国情水情，提高全民水患意识、节水意识、水资源保护意识，广泛动员全社会力量参与水利建设。把水情教育纳入国民素质教育体系和中小学教育课程体系，作为各级领导干部和公务员教育培训的重要内容。"[6]按照文件精神，政府和水利行业应该起到带头作用，全面规划水文化教育指导思想，从人们生活的方方面面渗透水文化，多组织水文化活动，推广水文化教育，形成爱水、惜水、护水的社会意识，在社区和学校中增大水文化宣传力度，营造一种与水环境友好发展的文化氛围。如浙江水利水电学院积极开展"发展生态教育、建设生态水利""打造绿色浙江、共创和谐社会"等系列宣传教育活动，开展水质检测比赛和"绿色浙江"问卷调查等活动，有力地宣传了水文化、弘扬了水精神。

2. 建立健全水文化教育学科体系

如果说水文化是一棵大树，那么我们现在只有树干，并没有枝繁叶茂，所以要深入挖掘水文化精神内涵，完善水文化学科体系建设。目前，中国水利水电出版社已经出版了《中华水文化书系》。其中一个专题系列就是教育读本系列，从中小学到高校，水利行业职工和社会大众都有了初步的教材。下一步应该有针对性地出版适应不同年龄段、不同层次、不同学科侧重的水文化系列教育教材。学科体系的完善，也为水文化教育的进一步发展奠定了坚实的基础。

3. 增加水文化教育科研经费的投入

建立水文化教育的专项资金，吸引更多的水利专家向水文化研究方面倾斜。建立专项基金有利于保障水文化研究的可持续性，鼓励水文化相关著作的出版。不断加大政府每年对水文化教育资金的投入力度，增加水文化教育经费的所占比重，积极创造优良条件，多渠道、多方面、多层次筹措资金用于水文化教育和水文化建设，确保教育保障工作顺利进行。

4. 加强水文化教育人才队伍建设

全面提升水利职工的水文化科学素养，培养专业水文化科普教师。结合水文化教育的侧重点，坚持开展业务培训，提升水文化科普教师的专业知识和综合素养，增强文化自觉和自信，打造出高水平、高素质的水文化教育专业人才队伍。

5. 水利博物馆和学校合作共建研学基地

一是开展教师培训。采用博物馆与培训机构合作的形式，培训教师使用博物馆、与博物馆合作进行博物馆教学课程设计、共同开展教学活动的能力。

二是开展校园巡回展示教育。博物馆深入学校进行展览，分享博物馆资源。此举有助于提高学生的水文化鉴赏能力，同时博物馆可协助教师将展品融入学校水文化教育课程，培养学校师生使用博物馆资源的技能与意识[7]。

四、水文化传播教育的意义和发展

（一）开展水文化教育的意义

1. 弘扬传统文化，培养意志品质

中华民族优秀的传统文化是最深厚的文化软实力，是民族精神的灵魂，而水文化作为传统文化的重要组成部分，对于人们思想观念、道德情操、意志品质的养成发挥着潜移默化的作用。从古至今，我们中华民族就有很多优秀的水文化理念，如“上善若水”“智者乐水”“君子以水比德”“水能载舟，亦能覆舟”等思想，是中华民族宝贵的精神财富，激励着我们民族自强、自信、拼搏、勇往直前。学习水文化，接受水文化教育也是在学习水的以柔克刚、坚忍不拔的意志品质。水资源哺育人、教育人，弘扬了时代精神，中华民族传统文化也通过水文化的教育而大放异彩。

2. 打造人水和谐理念，促进社会可持续发展

人水和谐是源远流长的中华水文化的精髓，开展水文化教育也是在培养人水和谐的思想理念，促进水资源的可持续利用。通过学习古代水利工程，体会古人对水的高效利用，对比现代社会发展中对水的不当利用，从中汲取教训，明白水资源短缺、水污染、水土流失等问题都已经严重影响到经济社会的可持续发展。在当前社会发展的多元架构中，我们应该更加注重遵循自然规律，打造人水和谐的发展理念。通过水文化教育，培养全社会亲水、爱水、节水、惜水的意识，特别是要把和谐的理念融入水文化的建设之中，形成人人“安全用水、节约用水、生态用水、文明用水”的良好氛围，促进资源节约型、环境友好型社会建设。

3. 接受水文化教育，推动水利事业发展

教育代表未来，通过水文化的学习，为国家培养水利行业的有用之才，我国各类水利院校学生是未来国家水利行业的栋梁，是水利水电事业的建设者和接班人。通过坚持不懈的水文化教育，培养一批又一批具有水文化精神、专业技能的水利方面复合型人才。水文化教育还能够为水利行业提供先进的理念支撑。以水生态文明建设、先进水环境设计理念为指导，以不破坏自然生态为前提，建设更多有助于水能利用和社会发展的水利工程。通过水文化教育，也可以促进水利事业不断发展。

（二）水文化教育的未来发展

通过中小学水文化课题建设，打造系统的水文化课程，组织学生积极参与课外实践，在实践中认识水文化与人类千丝万缕的联系。把水文化教育提到日程上来，培养优秀的水利行业人才、水文化科普教师。未来的水文化会成为全民性的通识教育，水资源关乎每个人的切身利益，关乎全人类的生存发展，所以说水文化的教育也是人类生存发展的教育，在人们满足温饱、步入小康之后更应该反思我们为美好生活牺牲了什么，如果以资源的破坏为代价，那么美好生活只是短暂的。现在我们已经意识到水资源和水生态保护的重要性，未来可通过对水文化教育方向的主导，营造全社会亲水、爱水、惜水、护水的美好氛围，并且以水之精神修炼自身，达到人水和谐，学习中华水文化精神的精髓，以及通过水文化给予我们无穷的精神力量。

（三）水文化传播对水生态改善的重要作用

水是生命之源、生产之要，同时也是生态之基。在过去人类的历史发展进程中，往往将工程、生产效益放在了优先考虑的位置，忽略了大自然生态系统会因工程、生产的不节制而遭到破坏。没有意识到自然界在经济社会发展中发挥的重要作用，由此引发的一系列生态环境问题成了困扰世界经济发展的重要因素。

水生态文明建设一经提出便受到广泛关注，但将之付诸实施却任重道远。当前阶段，需加强水生态文明思想教育和水文化的宣传推广，这对转变思想有着至关重要的作用。思想上的转变，才能为社会的可持续发展带来转机。水文化在其中必然有举足轻重的地位，是水生态改善的思想基石。

结　语

水文化的传播教育在当今社会有着越来越重要的地位，不仅是关乎水利院校、水利职工的文化教育，更逐渐走上了全社会基础教育的平台。通过对水文化传播教育的现状分析，总结了我国水文化教育的实施途径：水文化公益讲座的普及、中小学的水文化课题建设、水利院校增加水文化通识课、水利行业博物馆开展水文化教育活动等。分析还得出我国水文化教育有了发展进步，对实践中的不足之处也给出了几种解决措施。

开展水文化教育，对于传承中华水文化、普及国情水情、推动生态文明建设、实现社会可持续发展都具有重要作用。未来的水文化教育，必须构建完整的水文化教育体系，不断地开拓视野，创新教育形式，形成全民互动学习的水文化的格局，最终实现水文化教育的发展与繁荣。

参考文献：

[1]王嘉.成都图书馆多场文化讲座等你来听[N].成都日报，2017-07-06.

[2]陶娜.安徽人文讲坛周日聊淮河水文化[N].新安晚报，2016-09-09.

[3]腾讯网.第二届巴渝水文化论坛在永举行[EB/OL].（2017-11-22）[2019-10-15].http://cq.qq.com/a/20171123/011838.htm.

[4]吴怡璇.我国当代水文化教育研究[D].郑州：华北水利水电大学，2016.

[5]中共中央、国务院关于加快水利改革发展的决定[J].河南水利与南水北调，2011(15)：2-6.

[6]马伟丽.博物馆公共教育之馆校合作研究——以上海博物馆为例[D].济南：山东师范大学，2014.

[7]靳怀堾，尉天骄.中华水文化通论[M].北京：中国水利水电出版社，2015.

（陈晓耘，重庆财经职业学院党委副书记、副教授；孙赫，中国水利博物馆馆员；侯新，重庆水利电力职业技术学院教授，重庆市水利学会水文化专委会副主任）

水文化对于建设重庆“山水城市”的功用

程得中

文化名人余秋雨说：“中国文化从根本上说是‘大河文明’，能称得上大的城市，只有大上海、大武汉、大重庆。”重庆的城市之根是水，文化之根是水文化，必须在城市规划建设中融入更多的水元素，提炼和升华城市水文化，打造城市文化特色，提升城市文化品质。正是在这一趋势指引下，《重庆市城市总体规划（2005—2020年）》（以下简称《规划》）将城市发展目标定位为：“把重庆建设成为世界知名，富有山城、江城特色和历史文化传统，充满吸引力和竞争力，适宜创业发展和生活居住的现代化大都市。”[1]

一、“山水城市”的提出

钱学森先生于1990年首先提出“山水城市”的建设理念，“我近年来一直在想一个问题：能不能把中国的山水诗词、中国古典园林建筑和中国的山水画融合在一起，创立‘山水城市’的概念？人离开自然又要返回自然。社会主义的中国，能建造山水城市式的居民区”[2]。后来他又对这一理念进行过多次阐释，认为“山水城市”是在中国传统的山水自然观、天人合一哲学观的基础上提出来的对未来城市的构想。之后吴良镛院士也提出，“山水城市”是提倡人工环境与自然环境相协调发展的，其最终的目的在于建立人工环境与自然环境相融合的人类聚居环境。“山水城市”概念被提出后，引起了学界的巨大反响和广泛认同，鲍世行、王铎、王诗鸿等相继对其范畴进行了探讨，丰富了“山水城市”的内涵，从此“山水城市”这一独具中国特色的城市规划道路逐步明晰起来，成为中国城市规划的指导思想和建设目标。

概括而言，“山水城市”的特色是使城市的自然风貌与城市的人文景观融为一体，其规划立意来源于尊重自然生态环境，追求与之相契合的山环水绕的形态意境，它继承了中国城市发展数千年的特色和传统，倡导“天人合一”和“以人为本”的人居环境理念，针对当下生态环境日益恶化、城市缺乏人文关怀的现状有着极强的现实意义。

二、重庆的山水资源和水文化底蕴

重庆市拥有良好的自然生态环境，自古就有“片叶浮沉巴子国，两江襟带浮图关”的诗句来赞美其自然地理条件。渝中区地处重庆市西南部，是长江、嘉陵江的汇流处。渝中区东、南、北三面环水，西面通陆，为东西向狭长半岛。“巴山蜀水”构建了古老重庆基本的山水格局，而行政区划调整后的重庆“山水城市”被赋予了更广阔的含义：“山”不仅有枇杷山，还有缙云山、中梁山、铜锣山和明月山；“水”有长江、嘉陵江，可谓“山环水绕”。优越的自然生态格局打破了重庆千百年来的传统格局，赋予了重庆“山水城市”的全新含义。

长江、嘉陵江等江河是巴渝文明的摇篮。重庆古代因江水（长江古称）流经该地被称作江州，因渝水（嘉陵江别称）绕城被称为渝州，现代亦源于水而桥多雾重被冠为“桥都”“雾都”，是一座真正意义上因水而兴、源水而发的城市。“水”在重庆城市发展的各个阶段都发挥着特殊而重要的作用。水运的优势使重庆在交通极不发达的古代即发展成为西南疆域的军事政治中心和重要的物资集散地，近代更逐步发展成为工商业发达、人口众多的重要商埠。据记载，重庆历史上曾三次成为国都，并两次直辖。1997 年重庆直辖市地位的确立，与世界上最大的水利枢纽——三峡工程的建设也有着重大关系。重庆城市发展的 3 000 多年的悠久历史，现在及未来发展的区位优势与巨大潜力，很大程度上都源于其与水的深厚渊源。

巴渝水文化涵盖众多的历史遗存、风俗习惯和信仰传说。巴渝古镇大多依水而建，如松溉古镇、涞滩古镇、路孔古镇、中山古镇等。长江上有大量水文题刻，如被誉为“世界水文史上的奇迹”的涪陵白鹤梁、灵山石、江津莲花石、巴县迎春石、丰都龙床石和云阳龙脊石等。古桥有万州普济桥、涪陵碑记桥、龙门桥、江津利济桥、合川岩溪桥、五星桥、南川太平镇廊桥、荣昌大荣桥、云阳述先桥、秀山溪口天生桥、客寨桥、铜梁金瓯桥等。石窟造像及摩崖石刻有大足石刻、奉节瞿塘峡粉壁摩崖石刻、忠县临岩摩崖造像等。临水而居的吊脚楼、江边悬棺，展示了巴渝人民与水共生的传统。歌咏船工生活的水上歌谣——川江号子，被誉为“音乐活化石”。重庆很多饮食习俗也因水而生，如享誉全球的火锅就是一种典型的“水码头文化”，是水码头工人的智慧结晶。

三、水文化在重庆“山水城市”规划中的功用

水文化在城市形成初期多表现为对自然山水的原始敬畏，在城市发展、科技运用过程中才慢慢演化为对自然山水的主观性的审美和感悟，对山水的改造和对人类自身的调节使人与自然相互适应、和谐共生。具有山水之势的城市应该充分利用山水大势，即使在科技高度发达的今天依旧要学会像中国古人那样尊重自然，注重人与自然的和谐之境。水文化在建设重庆“山水城市”规划中有着重要的价值和应用，具体来讲，有景观、生态、休憩和文化传承四大功用。

（一）水文化的景观功用

水文化主要存在于视觉感官和文化涵养之中，如可视的自然山水景观、文艺作品等，在山地城市景观设计中有着重要应用价值。景观生态学中的“斑块—廊道—基质”理论就是将水系、山体作为斑块，以山水自然彼此之间的联系作为廊道，以不同

于山水自然属性的人工城市作为基质，综合考虑三者之间的相互作用与联系，以及视线廊道、景观通廊、通风廊道等相关内容，从而将城市与山水、绿地、自然系统融为一体，营造出“天人合一”的自然景观。

水域景观是城市水文化的重要组成部分，它由水域、过渡域、周边陆域三个部分构成。河流周边的陆域景观，主要是由地理景观所确定的。城市河流的景观建设要充分考虑城市居民的要求，建设一些与城市整体景观相和谐的滨河园，使城市两岸周边的空间成为最引人入胜的休闲娱乐空间。为了便于居民欣赏水域景观，在景观建设中还需要有亲水性的考虑，即创造人与水接近的条件，如亲水平台、亲水广场等。河道的景观设计要充分考虑到观赏者可能达到的角度和位置。河流的景观设计应当考虑到整体景观的和谐、个性、透视效果、耐看和居民的接受程度。设计的内容包括岸线形状、护岸形式、护岸材料的选择及纹理和亮度、河岸休闲娱乐空间的创立、亲水活动空间、近岸水生物的活动空间、近岸绿化植物的配置、历史遗存的保护、历史文脉的延续等。河流景观的设计既要考虑到工程的要求，又要考虑到景观和生态的要求，不能简单地把园林设计搬到水边来，要创立独立的河流景观设计理论。

另外，城市立体轮廓线也是城市景观的重要组成部分，学者认为重庆的城市立体轮廓线分为八个层次，即江面线—岸线—滨江道路临江线—建筑近景轮廓线—后退建筑轮廓线—近山轮廓线—远山轮廓线—空际线。这八个层次与山地城市所在的自然环境、地理条件、城市总体结构布局和城市设计手法有着密切的关系，同时它也决定了重庆这一山城的建筑布局必须是与地形结合良好的、顺应自然的、从低到高的、分层次地展开的，呈现出明显的层次和错落感。[3]

（二）水文化的生态功用

重庆是一个多山、多水的城市，自然资源丰富，但同时又生态脆弱、地质灾害易发。因此，组团绿化保护的任务十分艰巨和重要。对此，《规划》特别强调组团绿化隔离带的保护：“专门开展非建设用地规划，对都市区生态环境容量进行综合分析，划定非建设空间，划出组团绿化隔离带，并以强制性条款固化下来，确保各片区由自然山体和河流分隔，组团及功能区之间由公园绿地、郊野公园、生态农业区、林地、大型市政设施等隔离，避免相互粘连发展”[4]。

此外，城市规划应注意兴建河道公园、滨水野生带、水上娱乐、戏水垂钓、河岸野营等水边空间，“不出城郭而获山水之怡，身居闹市而有灵泉之致”，吸引更多市民从混凝土楼房重新回到河道水体空间，享受城市之水美。城市水边景观建设应走“人工—天成”之路，这样既可降低建设维护的成本，又可形成重庆独特的自然水文化特色。增加水流的多样性，恢复自然型河流，保护水生生物多样性。退田还湖，恢复河流与洼地、湖沼的沟通，保护湿地，恢复不同水深和流速的深潭、浅滩、沙洲等，增加水流的多样性，为鱼类等各种水生生物提供捕食、栖息的场所。

（三）水文化的休憩功用

“山水城市”，根本目标是以人为本，满足人对于自然山水的需求，从这个意义上说，城市不仅是一个栖息地，还应成为人类的精神家园。在这一思想指导下，滨水空间越来越多地得到重视和开发、利用。城市滨水空间包括滨水公园、滨水广场、亲水建筑、亲水设施等，是城市中自然要素最为密集、自然过程最为丰富的地域[5]，同时又是一个城市发育最早的地方，保留了丰富的城市历史文化痕迹，因而常常成为旅游者和当地居民喜爱的休闲地域。城市滨水空间往往集亲水、观景、娱乐、购物、交往多种功能于一体，将水与人文景观、历史遗存有机融合，不但增加了水文化的内涵，而且提升了旅游景点的品位，从而可有效促进旅游业的发展。

在重庆两江四岸滨江地带城市设计中，嘉陵江休闲水岸、种植型的绿化水岸和中心区绿化水岸三种不同类型的水岸形成了绿色的滨水系统，使得岸线设计自身成为一道滨水风景线，取得了较好的美感效果。具体来讲，在嘉陵江休闲水岸中，通过设置步行散步小径、种植柳树等植物，创造了多种堤岸断面满足人们的游乐、休憩等需要，同时在水深区域设置围栏等设施保障岸线安全；在种植型的绿化水岸中，根据重庆自然特性及设计区域的地貌特色，在岸线形成以黄桷树为主、其他植被为辅的特色绿化体系，打造多层次的特色岸线；在中心区绿化水岸中，主要结合商业中心区设置滨水广场，打造特色商业水岸。[6]

（四）水文化的文化传承功用

水文化能够突出城市文化和地域特色，《规划》提出：“协调历史文化名城保护和城市建设的关系，构建以文保单位、历史地段（风景名胜古迹区）、整体山水城市环境为基础的多重保护体系，继承和展示传统历史文化和山水城市特色，抢救文化遗产，传承历史文明。”[7]重庆市自然、历史人文资源丰富，山、水、林、泉、峡、洞等自然景观往往与寺庙、宫、观、塔、桥、寨、门、古街、古镇等人文景观融合于一体，兼具审美和历史文化价值。

磁器口古镇拥有“一江两溪三山四街”的独特地貌，自宋代以来就是重庆重要的水陆码头，1958年，码头移至汉渝路，磁器口过去作为水陆码头的集散地和中转站的作用逐渐消失。为了保存这片蕴藏丰厚历史和文化的遗迹，有关部门决定将这里打造为民俗文化街区景点，规划过程中注意对这些文化资源进行充分挖掘。在利用民俗文化方面：将中心区石板街两旁房屋全部重修，采用木门、木窗、木格子，打造成渝派风格建筑街，经营榨油、抽丝、制糖、捏面人、川戏等传统表演项目和各种传统小吃、茶馆等。在利用抗战文化方面：石板街向北穿过凤凰溪，面积大约170亩，规划将打造成以抗战风情为代表的陪都文化街。在利用红色文化方面：规划将石板街、陪都文化街和红岩魂广场连通，将红岩文化纳入其中，届时游览总面积将达到大约3平方公里。

当然，鉴于水文化遗址具有不可再生性，开发的同时一定要注意进行保护，如严格控制人工建筑的密度和高度，对违章建筑坚决拆除，对景区内的商业活动要求符合历史文化主题。

参考文献：

[1]人民网.重庆市城市总体规划(2005—2020年)[EB/OL].(2005-06-22)[2019-10-15].http://www.politics.people.com.cn/GB/8198/49262/49263/3489364.html.

[2]鲍世行，顾孟潮.杰出科学家钱学森论山水城市与建筑科学[M].北京：中国建筑工业出版社，1999.

[3]黄光宇.21世纪重庆城市空间的塑造[J].重庆建筑，1999(3)：11-16.

[4]蒋勇，刘利，何波.面向新时期的城市总体规划——以重庆市为例[J].城市规划，2007(6)：69-73.

[5]许珂.浅析城市滨水区旅游功能的开发[J].规划师，2002(4)：37-41.

[6]辛金.基于生态观的山地城市设计研究[D].重庆：重庆大学，2012.

[7]人民网.重庆市城市总体规划(2005—2020年)[EB/OL].(2005-06-22)[2019-10-15].http://www.politics.people.com.cn/GB/8198/49262/49263/3489364.html.

（本文原载于《赤峰学院学报（人文哲学社会科学版）》，2015年第10期。作者为重庆交通大学马克思主义学院副教授，博士、硕士生导师，重庆市水文化专家库成员）

人文始祖大禹治水利水精神智慧的文化解读

刘平中

大禹名曰文命，生于西羌。他是黄帝之玄孙，颛顼之孙，鲧之子。作为华夏民族的人文始祖，大禹公而忘私、舍我其谁、攻坚克难，三过家门而不入，治水在外十三年，不仅实现了变水患为水利、治水兴农的伟大人生目标，而且在治水利水的过程中奠定了华夏大一统的国家基础，形成了协和万邦、民为邦本、继往开来的华夏民族共识，为中华民族继往开来、永续发展注入了强大的生命活力与动力。

大禹之时，洪水滔天，浩浩汤汤，包围了高山峻岭，淹没了丘陵与平地，老百姓只能避居高山险塞，既不得其所养之食物，亦无其所居安息之土地。面对洪水带来的极大生存危机，大禹“致力于除水患，兴水利，以利天下黎民百姓为己任”。大禹“行山表木”，导九川，陂九泽，通九道，度九山。治水之地，东渐于大海，西被于流沙，北至朔方之地，南暨于交止，天下山川河流都得到了治理，将金、木、水、火、土、谷这六库的物资都管理得井然有序。在治水过程中，大禹还考察了九州各地的物产，因地制宜，根据“山川之便利”规定了各地的贡品与赋税，史称“相地宜所有以贡”，并划定了五服的界域，形成了向心中原的华夏国家观。大禹会诸侯于会稽，各部族首领都来会盟和朝觐，首开周边各部族向中原供赋与朝觐的国家治理制度。大禹分封各部族诸侯，赐予土地，给其姓氏，拉开了华夏国家分封制的历史序幕。九州从此一统，四境咸宁，天下太平，黎民百姓得享和平之福。大禹治水奠定了华夏大一统国家的历史基础，厚植了天下人心向心中原、协和万邦、保合太和的民族文化基因，描绘了华夏大一统国家的雏形。

大禹劳身焦思，三十而未娶妻，婚后不过四日，即行出发治水，史称“居外十三年，过家门不敢入”，充分体现了其家国一体、舍小家为大家的家国情怀。在治水过程中，大禹薄衣食、卑宫室，节衣缩食，为治理水患、利民生不断奉献。虽然身为部族的统领，但他从不搞特殊化，行之在地则乘车，行之在水则乘船，行之在泥沼就乘木橇，跋涉湿滑山路就自己穿上带铁齿的鞋。他与民众一道，栉风沐雨，亲力亲为，“撸起袖子加油干”，开发九州土地，疏导九大河流，整治大湖泊，测量九座高山，为华夏民族社会经济的永续发展做出了不可磨灭的伟大贡献。大禹特别强调重德修身，遵守道德，仁爱可亲，言语可信，威怀寰宇，布仁德于天下，而声教讫于四海。他所到之处，厚植以“德不远人”和“以德服人”为特征的中华文化基因，开启了华夏民族崇德政、重德治的先河。可以说，大禹舍我其谁、无私奉献与惟吾德馨的精神，早已融入我们民族精神与道德血液之中，成为中华民族独特的文化标识。大禹治水泽被九州，利惠万世，他是华夏公认的人文始祖，是文化中国的精神偶像，更是民族精神的历史结晶。

“禹兴西羌，定都河洛，东断于南集，会诸侯于江南，归葬于会稽”，这一“西兴东渐”的治水以利万世的过程，既是大禹“随山刊木”“决川浚浍”，治理九州九河，消除虫害水患，兴农立家，融合华夏各部族形成华夏一家的自然历史过程，也是大禹以大勇无畏、舍我其谁、奋发向上之精神，凝聚九州各部族形成中华大一统文化精髓的文化过程。大禹治水是从岷江开始的，岷江上游汶山地区古羌之地是孕育中华文化的一大源头。大禹就岷山山形走势趋东，岷江水东南流向的自然特征，总结出“岷山导江，东别为沱”的治水经验，从治水中总结出了一套治水兴农的发展方略。大禹治水的经验智慧，为华夏各部族因势利导，除去长期困扰他们的水患提供了思想镜鉴。后世不少古圣贤哲还从大禹治水的精神智慧中，提炼并总结出建构中华大一统国家的思想。这些独特的文化资源，有助于我们立足中华文化多元一体、源远流长的视角，破除地域文化、民族文化的狭隘局势。大禹“岷山导江，东别为沱”的伟大精神智慧，蕴含着华夏各民族丰富的家国文化精神内涵，至今对我们继承、发展大禹文化及其精神仍具有重要的启迪作用。

大禹在治水的同时注重发展生产，注重民生与民彝。每当灾荒之年，粮食匮乏，饥馑横行时，大禹总是积极谋划，主动协调各部族各地区之间的食物供给，并让后稷专门负责赈济缺衣少食的其他部族民众，把余粮调剂给缺粮地区的人们，避免水灾、饥馑给人们带来的生存危机。他还教民众在低洼潮湿的土地上种植水稻，在山间田野种植桑树，传授其先祖特有的缫丝制衣之法，史称“桑土既蚕，于是民得下丘居土”，不但扩大了天下百姓生存发展的空间，还极大地丰富了人们赖以生存的食物。他“决九川以致四海，浚畎浍以致大川”，兴利除害，重衣桑，勤耕织，史称“众民乃定，万国为治”而“黎民怀之”，奠定了中华农耕文明历史发展的基础，丰富了华夏民族团结一心、砥砺前行的经验与智慧。

大禹治水利国惠民的伟大奉献精神，对整合各少数民族的节庆资源有着深刻的启发意义，岷江上游作为大禹文化的发源地，无疑一直是羌民族的聚集、生发地，也是羌族人口和文化最集中、最典型、最大的区域，浓郁深厚的羌族精神，丰富多样的羌族民俗，独具个性的羌族歌舞节庆，铸就了羌族精神文化的历史与现代丰碑。说岷江上游乃“羌族人文之乡”并不过誉。岷江上游作为长江上游地区和黄河上游地区两大文化中心区域之间的文化连接带，也是汉、藏两大民族的隔离带和缓冲带。在民族和平的绝大多数时间里，羌族、藏族和汉族毗邻而居，和睦相处，各民族的文化互相影响与交融比较普遍，体现了民族走廊地带各族人民在保持自身民族文化特性的基础上兼容并包，多元融合发展其他民族文化的历史趋势，折射出中华民族一体多元的文化发展特性。大禹治水所体现出来的华夏一家的文化精神，有助于从根本上扩大民族大团结大发展，有助于增强民族之间的了解与和谐，对增强新时代民族精神与民族团结具有独特意义。

大禹治水精神的文化价值与历史经验智慧，体现了大禹治水精神文化在形成民族共识、民族团结与民族发展中的灵魂作用与价值导向作用。大禹治水的精神文化将永远留存在人们的精神世界里。大禹治水文化资源的综合性利用，必须重点关注以下三个方面的内容：一是充分展示大禹舍我其谁、治水以利万世的精神特质在形成华夏大一统民族文化中的突出地位。二是展现巴蜀文化中大禹精神的历史根脉，实现巴蜀文化与藏、羌、彝等兄弟民族文化在现代化背景下的不断融合、不断借鉴与共同发展，既要突出各地域文化、各民族文化之间的吸纳作用，也要反映它们之间的互动功能。三是突出大禹治水利水的精神智慧在近代民族文化发展进步中的帮助和指引作用。就巴蜀水文化与现代业态融合而言，主要是水文化与旅游的融合，水文化与商业的融合，水态文化建设与地方产业发展之间的融合。可充分借助现代“互联网＋”的技术，宣传具有水态文化价值符号的地方特色产业产品，用文化的魅力为商业、旅游业和地方产业提质增效。文态、水态、业态与生态结合，从根本上说，在于打造既能满足人们精神世界需求的文化产品，也能满足人们回归自然、追求身心放松的闲适生理需求的生态产品。这对于以大禹治水为核心的文化遗产资源的开发而言，具有在水利工程技术建设中美化生态、传播水文化精髓、增强水脉业态的功能，要在水利建设中赋予生态保护的强烈符号与文化的意涵，有效实现水生态保护与水文化价值教育宣传叠加提质的多赢效应，创造更加巨大的经济、文化、生态与社会价值。

大禹治水“岷山导江，东别为沱”的伟大智慧，蕴含丰富的科学、哲理与文化特质，不仅是中华民族历久弥新、继往开来的永续生命力，也是助推巴蜀文明不断发展繁荣的伟大历史滋养。大禹治水奠定了天府之国“水旱从人，不知饥馑，时无荒年”的发展基础，形成了以江源文明为主线，以岷江水系、金沙江水系、嘉陵江水系和涪江水系为主脉的文化走廊，建构了盆底文明与盆周文明互动关联，农耕文化与悠游闲适的城市文明有机结合的独特发展体系。“岷山导江，东别为沱”特有的文化机理与精神特质，深刻地影响着巴蜀人的思维方式、生活方式、性格特点与民情风俗，历史地形成了巴蜀人不畏艰险、攻坚克难和不胜不休的精神品格，一直是推动巴蜀社会不断发展进步的源头活水与精神动力，至今仍具有强大的生命力。

（作者为成都师范学院教授、博士后、硕士生导师）

论水文化遗产与水文化创意设计

涂师平

随着当今工业化对水资源的污染日益严重，以及城市扩张过快造成排水不畅、内涝常发等情况，治水工作成为事关国计民生的重中之重，迫在眉睫。而高质量的治水工程建设必须要有高品位的文化含金量，才能收到生态、文化、经济一体化效益。新时代的治水工程建设要求，必然要考问水文化创意设计的方略问题：具体哪些事物是看得见、摸得着的水文化？水文化项目创意设计有哪些形式？怎样在治水工程建设中选择最有价值、最有特色的水文化遗产进行保护、传承、利用？

这些问题都需要我们从现实的角度作出有科学依据的回答。

一、背景、机遇和挑战

（一）背景：全国治水工程建设投入空前巨大

2011年中央一号文件《中共中央、国务院关于加快水利改革发展的决定》指出，“水是生命之源、生产之要、生态之基”。在党的十八大报告提出建设生态文明、建设美丽中国的号召下，我国迎来了一轮治水工程建设热潮，其特点是政府各部门齐抓共管。

环保部最近公布了《水污染防治行动计划（送审稿）》，水污染防治行动计划投入资金预计达2万亿元，规模将高于大气污染防治的1.7万亿元。而浙江省因“邀请环保局局长下河游泳”和“水困余姚”等热点事件，充分认识到“绿水青山就是金山银山”，最近开始把治水作为转型升级最关键的突破口，作出“五水共治”的战略部署，举全省之力，开展“治污水、防洪水、排涝水、保供水、抓节水”大行动，以砸锅卖铁的决心兴修水利基础设施。无疑，从中央到地方，已经拉开一场声势浩大的治水工程建设的序幕。

（二）机遇：治水工程建设呼唤水文化建设

值得注意的是，新时期治水理念比以前出现了明显的提升和创新。许多政府官员和专家学者倡导全社会要从传统的“就水论水”的单一治理模式，转变为“山水林田湖是一个生命共同体”的综合治理理念，同时，要将治水工程建设上升到文化建设，提高工程的文化品位和综合效益。

中共浙江省委书记夏宝龙说：“水不仅是资源要素，也是文化元素，是文明之源、文化之源。”[1]河海大学教授崔广柏最近给浙江省水利厅直属单位中层干部作了题为“新时代治水理念的创新”的学术讲座，阐述了治水工程建设目标指向五个递进的概念：水环境—水生态—水景观—水文化—水旅游，他曾受多地地方政府邀请参加治水工程建设规划，深切了解到各地都希望将治水工程建设成为水环境干净、水生态和谐、水景观漂亮、水文化深厚、水旅游兴旺的生态、文化、经济综合体。可以说，目前，水文化建设伴随治水工程大建设，迎来了天时地利人和的大发展、大繁荣机遇。

（三）挑战：水文化创意设计面临诸多问题

一是水文化认识模糊问题。人们普遍认为水文化包罗万象，只要是与水有关的，比如酒文化、茶文化、鱼文化等，都是水文化。这样一来，反而使水文化成为一种太宽泛甚至虚无缥缈的东西。正因为水文化概念至今尚无权威机构的定论，许多专家学者在谈到水文化时都不得不做一番自我认识上的解释。但解释者一般都是谈概念的多，谈实物的少，这难免给水文化创意设计工作带来无处下手、无处落脚的困惑，在治水工程建设中，到底以什么东西、什么形式来表现当地的水文化好呢？

二是水利、文化两个部门跨界合作问题。目前，似乎只有水利部门在研究水文化，而文化部门却并没有将水文化作为一个门类概念去研究、保护。由于水利部门的专家不熟悉国际、国内对文化遗产的分类、分级标准，往往对水文化遗产的范畴、分类不符合文化遗产分类的体系，同时也很难把握文化遗产价值的分级，很难选择有价值、有代表的遗产、文物和文化元素来表现水文化。同样，文化部门的专家也不熟悉水文化的历史、艺术、科学价值，往往不能主动自觉地为水文化创意提供跨界合作。

三是目前大部分治水工程建设项目中，都只有水景观设计，而没有水文化设计。这一方面还有待去挖掘、提升和创意，使之由一般的公共休闲场所变为人文旅游线路景点。

二、水文化遗产的分类和分级

如果要问：具体什么是水文化？什么不是水文化？水文化包含哪些种类？如何判断一种水文化的价值大小？确实，这些都不是容易弄清楚的问题。

但如果我们将“水文化遗产”放入考虑范围的话，就比较容易找到水文化概念的落脚点——文化遗产。同时，我们也就可以比较容易地认识水文化的范畴和类别、水文化价值的高低和级别，因为无论在国际上还是在国家层面上，对文化遗产的分类、分级管理都是有标准的，也是有申报程序、公布结果的。这样，我们就不必陷入对水文化分类、分级的混乱了。其实，我们只要对照通行的文化遗产分类、分级标准，同时根据文化遗产与水的关联度，就可以比较准确地了解我国有哪些水文化遗产种类，又有哪些世界级、国家级、省级、市级、县级的水文化遗产。

（一）水文化遗产的分类

水文化遗产我们可以理解为有关水的文化遗产，而文化遗产作为一个法律词汇，不管在国外还是国内，都只是最近几十年出现的概念。

1972 年，联合国教科文组织在《保护世界文化和自然遗产公约》法律文件中正式采用了“文化遗产”一词，文化遗产被国际公约正式确定为保护对象[2]。

在我国的法律文件中，“文化遗产”一词的出现也没有多久，在此之前，我国法律文件中使用的一直是“文物”这一概念。2005 年 12 月，国务院发布了《关于加强文化遗产保护的通知》，正式确定了文化遗产包含的内容和分类："文化遗产包括物质文化遗产和非物质文化遗产。物质文化遗产是具有历史、艺术和科学价值的文物，包括古遗址、古墓葬、古建筑、石窟寺、石刻、壁画、近代现代重要史迹及代表性建筑等不可移动文物，历史上各时代的重要实物、艺术品、文献、手稿、图书资料等可移动文物；以及在建筑式样、分布均匀或与环境景色结合方面具有突出普遍价值的历史文化名城（街区、村镇）。非物质文化遗产是指各种以非物质形态存在的与群众生活密切相关、世代相承的传统文化表现形式，包括口头传统、传统表演艺术、民俗活动和礼仪与节庆、有关自然界和宇宙的民间传统知识和实践、传统手工艺技能等以及与上述传统文化表现形式相关的文化空间。"[3]这是目前我国在法律文件中对文化遗产概念最权威、最明确的分类解释。

有了文化遗产内容和分类的法律依据，我们对水文化遗产分类，只要联系并侧重于水利、水文化就可以了。水利部门近年在水文化遗产分类方面开始了有益的探索。2012 年中国水利博物馆主编的《全国水文化遗产分类图录》一书中解释"简单地讲，水文化遗产就是有关水的或是反映人与水关系的遗产"，并把水文化遗产分为不可移动水文化遗产、可移动水文化遗产、非物质水文化遗产、水文化记忆遗产、水文化线路、水文化景观六大类[4]。既对照了文化遗产的分类，又考虑了水文化的特点。水利部海委漳卫南局副局长、中国水利文协水文化研究会会长、研究员靳怀堾也撰文认为：以水利文化遗产为主体的水文化遗产，包括物质类遗产与非物质类遗产两大类。他列举了许多具体的事物，如堤防、河道、渡口、堰坝、水闸码头、水车辘轳、水磨、水碓、河道总督署、漕运总督署、钞关、驿站、官仓、龙王庙、禹王宫等物质类遗产，又如龙舟节、都江堰的开水节、通州的开漕节、傣族泼水节、运河号子、海宁车水号、妈祖信仰、铁牛镇水等非物质类遗产。[5]故可以说，越来越多的水利部门水文化研究工作者已经将视野投向具体的水文化遗产跨界研究，这将有助于为水文化创意设计提供发现素材的路径。

（二）水文化遗产分级

这方面的工作还在萌芽状态，目前，中国水利博物馆正在开展水文化遗产分级标准的制定研究。其实，文化遗产的分级是一种根据遗产价值的重要性程度，由国家政府部门实行分级保护的措施。据笔者考证，关于遗产保护方面有以下几种分级方式：

1. 联合国教科文组织《世界遗产名录》

世界遗产是遗产保护的最高等级，联合国教科文组织自 1972 年在巴黎通过了《保护世界文化和自然遗产公约》后，就开始了世界遗产的申报和名录公布工作。至今，联合国教科文组织共有 3 个致力于保护文化遗产的世界级项目：保护具有杰出普遍价值的建筑物和自然遗址的世界遗产名录、关注口述传统和文化传承的"人类口头和非物质遗产代表作"以及关注世界文献遗产的世界记忆名录，其中世界遗产名录又分为自然遗产、文化遗产、自然遗产与文化遗产混合体（双重遗产）、文化景观四种名录。

目前我国已经列入世界遗产名录中且属于水文化遗产范畴的有世界文化遗产——青城山与都江堰、世界文化景观遗产——红河哈尼梯田、世界文化景观遗产——杭州西湖文化景观、人类口头和非物质遗产代表作——端午节、人类口头和非物质遗产代表作——妈祖信俗等。同时，我国还有两大水文化线性遗产也正在申遗：中国大运河、中国海上丝绸之路。

2．我国文物保护单位的分级

在我国，政府部门将不可移动文物作为一个个文物保护单位来进行分级保护。文物保护单位级别分为文物保护点、区级文物保护单位、县级文物保护单位、市级文物保护单位、省级文物保护单位、全国重点文物保护单位6个级别层次。已经公布的各级文物保护单位中，有许许多多是属于水文化遗产范畴的，比如全国重点文物保护单位中就有安济桥、古莲花池、金门闸、水神堂、黄河栈道遗址、龙江船厂遗址、大运河常州段、高邮明清运河故道、西湖十景、钱塘江大桥、泗洲造纸作坊遗址、河姆渡遗址、浙东沿海灯塔、它山堰、安丰塘、镇海堤、木兰陂、蓬莱水城及蓬莱阁等等，举不胜举。

3．非物质文化遗产名录分级

这是保护非物质文化遗产的一种方式，我国非物质文化遗产名录制定了国家级、省级、市级、县级4级保护体系。其中属于水文化遗产范畴的国家级非物质文化遗产有川江号子、澧水船工号子、蓝田普化水会音乐、傣族泼水节、大禹祭典、水密隔舱福船制造技艺、伞制作技艺、木拱桥传统营造技艺等。

4．可移动文物分级

对于可移动文物，我国文物行政部门将这类文物分为珍贵文物和一般文物两种。珍贵文物又可分为一、二、三级：具有特别重要历史、艺术、科学价值的代表性文物为一级文物；具有重要历史、艺术、科学价值的为二级文物；具有比较重要历史、艺术、科学价值的为三级文物。具有一定历史、艺术、科学价值的为一般文物。国家一级文物中，属于水文化遗产范畴的有禹鼎、吴王夫差剑、羽人竞渡纹铜钺、《清明上河图》、宋拓《兰亭序》、汝窑三足洗、白釉莲花托注壶、龙泉窑舟形砚滴等。

5．历史文化名城名镇名村保护分级

2008年7月1日，国务院《历史文化名城名镇名村保护条例》正式实施。这是我国针对较大范围的文化遗产丰富的地域实行保护的一种方式。历史文化名城名镇名村保护分为国家历史文化名城名镇名村和省级历史文化名城名镇名村两个层级。其中，属于水文化范畴的国家历史文化名城有桂林、丽江、蓬莱等，国家历史文化名镇名村有江苏省昆山市周庄镇、浙江省嘉善县西塘镇、安徽省黟县西递镇西递村等。

通过对照以上文化遗产各种分类、分级的情况并进行分析，我们可以发现：水文化遗产是一种渗透性、跨界性、包容性非常强的文化遗产，它往往依托、藏身于其他文化遗产，有时候集多种文化内容于一身，有时候又包容万事万物于一河（如大运河）或一湖（如西湖），而我们要善于从已经公布的各种各级文化遗产名录中，寻找与水有关的文化遗产并认识它们的价值级别。

三、水文化创意设计的形式

在治水工程建设中，必须“努力丰富和提升水利工程的文化内涵和文化品位”[6]。

这一理念已经成为当今时代的共识，水利部于2011年11月18日颁布的《水文化建设规划纲要（2011—2020年）》对此也提出了要求。然而，在治水工程中提升文化内涵和文化品位的方法有哪些？换句话说，水文化创意设计的形式有哪几种？结合当今文化遗产保护和开发的主要模式[7]，我们可以采取以下几种水文化创意设计的形式：

（一）修建水文化类的博物馆

这是水文化创意设计的最好形式，这种修建博物馆的形式有许多成功案例，方兴未艾。比如水利部直属的中国水利博物馆，就是在浙江省杭州市钱塘江南岸的围垦治水工程项目里建起了我国第一座国家级的水利行业博物馆，该馆综合了收藏、研究、展览、科普、教育等功能，采用场景复原、文物陈列、图文展示等方法，生动展现中华民族水利历史和文化，让观众认识水的哲理、了解水的历史、重视水的保护。中国水利博物馆建成后，国内外观众络绎不绝地前来游览，使昔日一片荒芜的盐碱围垦地变成了一处人水和谐的水博园旅游景区。同样成功的案例还有中国湿地博物馆、都江堰博物馆、黄河博物馆、重庆白鹤梁水下博物馆等。

（二）对古代水文化遗产进行保护并将其开发成人文景观

我们在治水工程建设中，要有敏锐的水文化发现眼光。既要发现现在还保存在地面的古代水文化遗产，如古桥、古庙、古堰等，更要善于搜寻那些已经荒废、埋没在地下、水中、草丛中的水文化遗址，比如古井、古纤道、古码头等。而对于那些散落于各地的水文化文物，如古代水利工程构件、镇水兽、水利碑刻、水力机具等，则要从民间与坊间找回来。一旦发现找到以上水文化遗产、遗址，都要如获至宝，与文物部门合作，树立说明牌标志、划定保护范围、维修复原旧貌，使之成为一处处水文化人文景观。如在浙江省宁波市发现了古代水则碑，分别为南宋的水则碑亭亭基和明代重修的“平”字碑，便由文物部门重修重现水则碑（亭）旧貌，还恢复了古代的平桥河，与月湖水系相通，还原了历史上真实的水文化的环境氛围。

（三）创作水文化雕塑雕刻艺术品

雕塑雕刻艺术品非常适合永久展示，而且，当这类艺术品经过了一定年代，也会成为日后的文化遗产。因此，最好要请艺术名家来创作，才有较高的艺术传承价值、审美价值。

立体的雕塑，适合创作表现水文化精神的人物、故事场景；平面的雕刻，则适合创作表现水文化的书画。

采用雕塑雕刻艺术品来表现水文化的方式，自古就有很多，并流传至今，这些艺术品成为游客欣赏的美品。比如清代乾隆年间，曾经创作了《大禹治水图》玉山子，作品高224厘米，宽96厘米，重5 350千克。创作时乾隆皇帝钦定用内府藏宋人《大禹治水图》画轴为稿本，由清宫造办处画出纸样，扬州玉师用6年时间雕刻而成。玉师以剔地起突的雕琢法，巧妙地表现出凿山导水的劳动大军、瀑布急涌的水势。名贵巨大的和田玉和精彩的名画故事相结合，使这件玉雕称得上是水文化无与伦比的国之瑰宝。

如今，在很多景区，我们经常可以发现许多富有地方特色、令人印象深刻的雕塑雕刻作品。比如，广东汕尾凤山妈祖雕像，高16.83米，由468块花岗岩雕造而成，冰心为其题写“天后圣母”四字；湖南长沙的“白沙古井”碑廊长30多米，置“百水图”，汇集了几十个书法名家、文人名士所题的“水”字；天津北运河畔采用水利史组雕，展现我国历史上著名的治水人物群体，还设计了72块小型节水内容的石刻，象征着天津“七十二沽”。

（四）设计具有地域传统特色的水文化体验活动和纪念品

现代旅游方式正在由看客式转向游学式。游学的本质是文化的融合，在游玩体验当中学习。这便要求在水文化创意设计中，同时要考虑结合水文化人文景观，创意设计具有地域传统特色的水文化体验活动项目和纪念品。这种活动和纪念品在设计时必须考虑两大实用价值：在文化效益上，要达到传承传统水文化的目的；在经济效益上，要达到发展水文化产业的目的。这也属于非物质文化遗产生产性保护方式。[8]比如，游船、药浴、泡温泉等体验活动一直广受游客好评。

四、水文化创意设计的价值选择

在水文化创意设计中，最难的还是对水文化要素的价值判断和选择，也就是说，明确水文化遗产的价值标准具体有哪些？

我们可以参照国际上有关文化遗产和我国有关文物藏品所描述的价值内容去分析、把握。

《世界遗产公约实施指南》解释了文化遗产包括三方面的价值：情感价值（令人惊叹称奇、趋同性、延续性、精神的和象征的崇拜）；文化价值（文献的、历史的、考古的、古老和珍稀的、古人类学和文化人类学的、美学的、建筑艺术的、城市景观的、风景的和生态学的、科学的）；使用价值（功能的、经济的，包括旅游、教育的，也包括展现社会的、政治的）[9]。

我国文化部令第19号《文物藏品定级标准》，则是根据文物的历史、艺术、科学价值的重要程度，对文物进行分级。特别重要的代表性文物为一级文物；重要的为二级文物；比较重要的为三级文物。具有一定历史、艺术、科学价值的为一般文物。

我们可以看出，文化遗产最核心的是历史、艺术、科学三方面价值，其他诸如情感价值、文化价值、经济价值、社会价值、使用价值、生态价值及环境价值等内容，都可以归入以上三个核心价值的派生中。

关键问题是，面对一个文化遗产，我们从什么角度去区分其历史、艺术、科学价值的重要性呢？

这其中有一定的技巧。

1. 历史价值判断技巧：(1) 历史年代长短，遗产品相完好程度；(2) 是否与历史上著名的人物相关；(3) 是否和历史上重大的事件有关。比如，安徽省泾县陈村镇有一处桃花潭景观，它与唐代“诗仙”李白名诗《赠汪伦》有关：“李白乘舟将欲行，忽闻岸上踏歌声。桃花潭水深千尺，不及汪伦送我情。”这无疑具有极高的水文化历史价值，非常适合在桃花潭岸边采用雕塑艺术来表现此诗的历史情景。

2. 艺术价值判断技巧：(1) 是否是罕见的、唯一的类型；(2) 是否是一种特殊材料、特殊方式的结构物；（3）构图、工艺是否代表当时最高艺术水平。比如，故宫博物院收藏的南宋杰出画家马远创作的《水图》，绢本设色，共描绘了黄河、长江等十二幅水图，除个别画有极少岩岸之外，没有任何别的景物。作者完全通过水波来描写不同条件下江河湖海的运动神韵，艺术形式可谓独一无二，具有独特的水文化价值，除了具有很高的博物馆展览审美价值外，还非常适合作为水文化艺术品、纪念品复制开发。

3. 科学价值判断技巧：（1）在结构、用材和施工等方面的科学成就；（2）形式反映出来的历史上的科技成果和科技水平；（3）是否是某一事物、某一领域科技水平的代表。比如，第一批全国重点文物保护单位赵州桥，是世界上最古老的大跨度单孔敞肩坦弧石拱桥，代表了世界古代桥梁建筑水平，集科技、美观于一体，欧洲出现这样的敞肩拱桥，比我国晚 1 200 多年。这是水文化遗产代表作之一，既适合开展水文化游学活动创意设计，也适合开发成科研、教学用途的水文化模型。

通过以上价值判断，我们在水文化创意设计时，应该尽量选择反映当地重要人物、重大事件，具有较久历史年代、较高艺术水平、较高科技含量的水文化遗产，以恰当、适用的形式，进行创意设计与展示、利用。

参考文献：

[1]夏宝龙.以“五水共治”的实际成效取信于民[N].人民日报，2014-01-22(15).

[2]王云霞.文化遗产的概念与分类探析[J].理论月刊，2010(11)：5-9.

[3]联合国教科文组织世界遗产中心，国际古迹遗址理事会，国际文物保护与修复研究中心，中国国家文物局.国际文化遗产保护文件选编[M].北京：文物出版社，2007.

[4]张志荣.全国水文化遗产分类图录[M].杭州：西泠印社出版社，2012.

[5]靳怀堾.试论水文化遗产的保护与利用[C]//邱志荣，李云鹏.中国大运河水利遗产保护与利用战略论坛论文集.北京：中国文史出版社，2014.

[6]陈雷.弘扬和发展先进水文化，促进传统水利向现代水利转变[J].中国水利，2009(22)：17-22.

[7]傅才武，陈庚.当代中国文化遗产的保护与开发模式[J].湖北大学学报(哲学社会科学版)，2010(4)：93-98.

[8]宋俊华.文化生产与非物质文化遗产生产性保护[J].文化遗产，2012(1)：1-5.

[9]陈志华.介绍几份关于文物建筑和历史性城市保护的国际性文件(二)[J].世界建筑，1989(4)：73-76.

（本文原载于《浙江水利水电学院学报》，2019 年第 1 期。作者为中国水利博物馆宣教处处长、研究员）

新时代巴渝水文化高质量建设发展路径探微

王 燕　　侯 新

文化是反映一个国家、民族、城市的内涵特质的核心资源，更是彰显与塑造形象、提振精神的重要元素。重庆依山傍水，以长江干流为轴线，汇集了嘉陵江、乌江、綦江、大宁河等河流及其大小支流数百条；由西到东有缙云山、中梁山、铜锣山、明月山在此绵延，由北到南有大巴山、巫山、武陵山、大娄山环绕在此，正因其地貌以山地、丘陵为主，且坡地面积较大，是一座名副其实、独具特色的山水之城。独特的山水之城，孕育了一方水土，养育了一方人，形成了独特的巴渝水文化。作为中国水文化重要组成部分的巴渝水文化，是巴渝地区独有的宝贵精神财富。正确认识巴渝水文化的价值，充分挖掘、保护和发展巴渝水文化事业，对于贯彻落实习近平总书记对重庆提出的“两点”“两地”定位要求，推动建设内陆水文化资源开放高地，促进水文化大发展大繁荣，具有重要意义和巨大价值。

一、巴渝水文化资源总体情况

巴渝水文化源远流长、博大精深。重庆独特的地理环境是巴渝水文化形成的一个重要因素。重庆位于长江上游，幅员辽阔，面积达 82 401 平方公里，其中山地面积达 62 400 平方公里[①]。境内河流纵横，山川交错。长江东西横贯，南北各有乌江、嘉陵江汇入，形成千里江川、万里崇山的秀丽风景。据《重庆水利志》记载，重庆市境内流域面积大于 100 平方公里的河流有 274 条，其中，流域面积大于 1 000 平方公里的河流有 42 条，流域面积大于 3 000 平方公里的河流有 12 条[②]。与平原地区相比，这里复杂的生存环境更恶劣，也更具有挑战性。然而，无论是古代的巴人，还是当代的重庆人，都没有向恶劣的自然条件低头，一代代的重庆人不畏艰险、克服万难、凿山劈岭、无私奉献，用血泪和汗水浇灌出像水一样包容、坚韧、向上、拼搏的优秀品质。

靳怀堵在《中华水文化通论》中将水文化分为物质形态水文化、精神形态水文化、制度形态水文化。以此为据，将巴渝水文化资源也分为三种类型，一是物质形态水文化，主要以物质形态为载体来反映水的精神面貌，主要体现为水工程、水文化遗产等，如水利工程、水利风景区、水文化展馆、水利公园等。截至目前，重庆拥有清溪沟国家水利风景区等国家级水利风景区 15 个。以水利工程为例，根据《重庆市水

---

① 重庆市水利局. 重庆水利志（1986—2006）[M]. 重庆：西南师范大学出版社，2015：45.

② 重庆市水利局. 重庆水利志（1986—2006）[M]. 重庆：西南师范大学出版社，2015：55.

资源公报（2016年）》数据显示：全市大中型水库共计114座，其中大型水库17座，中型水库97座，年末蓄水总量达54.824 6亿立方米[①]。二是精神形态水文化，这是一种内涵性、层次性更为深刻的精神现象，为巴渝水文化的核心层，主要体现为水文化信仰、水文化理论、水文化教育、水文化传播以及涉水民俗文化（如水龙节）等。三是制度形态水文化，它是与水相关的一切制度规范的总和，介于物质形态水文化与精神形态水文化之间，具有规范性、约束性、强制性的特征。如重庆市人民政府出台的《重庆市水资源管理条例》《重庆市水文条例》《关于实行最严格水资源管理制度的实施意见》（渝府发〔2012〕63号）、《重庆市小型水库管理办法（试行）》（渝水〔2017〕50号）等制度条例。

二、新时代巴渝水文化建设中存在的主要问题及其原因

（一）新时代巴渝水文化建设中存在的主要问题

1. 从顶层设计来讲，尚未形成巴渝水文化高质量发展框架体系

2011年年底，水利部颁布了《水文化建设规划纲要（2011—2020年）》，这是我国第一个中长期水文化建设的规划纲要，标志着水文化建设正式纳入国家层面。自此，水文化研究、建设、发展成为热点话题。随后，江苏、大连、苏州、宁波等省市相继出台了水文化建设规划纲要。广东、陕西等地发布年度水利精神文明与水文化建设工作要点，用以指导水文化建设。但是，重庆尚未出台水文化建设规划纲要或年度工作要点，水文化研究、水资源开发、水文化遗产保护等各个方面仍停留在各自为政的状态，缺乏统揽性的发展框架体系。

2. 从产品建设来讲，水文化资源整合开发力度不够

一是巴渝水文化旅游资源的开发没有发挥最佳的吸引力。小三峡、乌江画廊、国家级水利风景区等大多水文化旅游产品更注重对自然景观的开发，存在重自然景观而轻人文景观的现象，没有考虑深厚的水文化精神内涵对旅游产品的建设的本质作用，结果使得部分水文化旅游产品缺乏文化的厚重感，在很大程度上影响了其吸引力。二是巴渝水文化载体挖掘不够。如在“世界水日”和“中国水周”活动中，巴渝水文化宣传力度不够、特色亮点不突出。三是巴渝水文化弘扬力度不够，尚未形成具有巨大的吸引力且具有重庆特色的水文化品牌。万盛水龙节、川江号子等巴渝水文化影响较为有限。四是对巴渝水文化遗产的保护与挖掘工作不够全面深入。目前，对巴渝水文化遗产总体停留在物质层面保护和传承上，对其文化内涵层面的挖掘不够深入。

3. 从水文化研究来讲，还未形成系统的理论与应用研究体系

巴渝水文化研究起步较晚，现已有重庆市水利学会水文化专委会、重庆水文化研究与应用推广中心等研究平台，以及大禹水文化网等宣传、交流、推广西南水文化的网络平台。巴渝水文化论坛、巴渝水文化重大课题研究等平台与活动的陆续推出，开启了系统研究巴渝水文化的大门。近几年，涌现出了一批巴渝水文化的研究成果和研

---

① 重庆市水利局官方网站. 重庆市水资源公报（2016年）[EB/OL].（2017-09-20）[2019-10-15]. http://www.cqwater.gov.cn/slsj/szygb/pages/2017/09/20170928151742.aspx.

究人员，但主要集中在对物质层面和制度层面上的水文化挖掘，而对精神层面上的水文化挖掘尚少，并未真正形成系统的理论体系和应用研究体系。

4. 从人才建设来讲，专业化的人才队伍尚未建立

人才是巴渝水文化高质量建设发展的命脉。在巴渝水文化高质量建设发展中，如何打造一支专业化的人才队伍？如何激发当前巴渝水文化研究、开发、保护等各领域的人才潜能？如何培养高层次的专业化人才队伍？这一系列的问题都是巴渝水文化高质量建设发展面临的现实课题。目前，巴渝水文化专业人才队伍无论从数量上，还是专业层次上，都存在较大的提升空间，有待进一步健全与完善。这在一定程度上制约着巴渝水文化高质量建设发展。

（二）新时代巴渝水文化建设中存在问题的原因分析

事实上，新时代巴渝水文化建设中存在问题的原因之间是一个相互联系的系统。在这一系统中，任何一个原因或者环节，对巴渝水文化高质量发展都会产生影响。

1. 责任主体缺乏主动性，集聚合力尚未形成

在确定巴渝水文化资源开发的责任主体时，要将文化发展的现实需求作为关注焦点，形成立体式、多方联动的巴渝水文化资源开发发展格局。但是，在实际操作过程中，不少的部门、企业或个人对此认识不足。一是缺乏对巴渝水文化资源的深度了解，存在对水文化资源开发重视不够、缺乏参与的积极性等问题；二是政府引导社会各方面积极参与水文化资源开发的力度不足，不少部门或企业仍然存在单兵作战、单打独斗的情况，各组织主体之间联系不紧密，更谈不上广泛动员社会力量；三是政府、企业、学校、社会人员参与水文化资源开发的积极性、主动性、创造性未被充分激发。

2. 存在思维定势，创新意识不强

长期以来，各级政府、相关职能部门对巴渝水文化资源开发的创新性方面有所忽视，导致对水文化资源的开发分析、发展评估等方面缺乏敏锐的判断。在巴渝水文化高质量建设过程中，凭经验办事、不敢突破常规、深受传统思想观影响，致使创新意识不足，创新思维不够。主要表现为以下三个方面：一是缺乏传承巴渝水文化的自觉性，由于尚未厘清巴渝水文化发展的规律和脉络，对巴渝水文化在历史进程中的地位和作用认识不够深刻，致使缺乏挖掘巴渝水文化历史责任的主动担当意识。二是缺乏文化自信，由于对巴渝水文化的价值认识不充分，缺乏继承和发扬巴渝水文化精神的坚定信心。三是缺乏创新理念。在思维层面，以过去经验为依据，循规蹈矩办事的现象较多；在工作方式层面，还缺乏采用先进技术、设备的远见。

3. 制度不健全，机制不灵活

尽管从战略规划、发展思路上有了较大程度的提升，但制度不健全、机制不灵活仍是制约巴渝水文化高质量发展的关键因素。从制度上来说，专门化的水文化建设制度缺失较为严重。近年来，重庆积极探索建立一系列制度，如实行最严格水资源管理制度、长江生态检察官制度等。纵览这些文件，水文化仅作为其中的一个子项，或者一条款项，尚未单独针对水文化出台专项制度。从工作机制来说，缺乏开发高效的常态化长效运行机制。当前，重庆水文化建设仍停留在中短期规划中，部分工作开展往

往采用临时组建机构组织的方式，缺乏对水文化建设机制的统筹全盘考虑，缺乏多方联动、立体式的，具有实际推动意义的机制，水文化建设常态化长效性态势尚未形成。

三、新时代巴渝水文化高质量建设路径

新时代要准确把握巴渝水文化高质量发展的新定位、新坐标、新方向，必须从整合水文化资源优势出发，补齐水文化研究人才资源的短板，拓宽巴渝水文化发展空间，加快跨越由传统发展模式向高质量发展模式转化的历史拐点。

（一）坚持规划先行，优先做好顶层设计

加快制定巴渝水文化建设发展规划纲要，始终坚持高起点规划、高标准建设、高标准评价的“三高”要求，强化对巴渝水文化遗产保护、水生态资源、水利工程建设、水文化专项研究等全方位规划布局。一是成立巴渝水文化高质量建设发展专项领导小组，充分发挥领导小组总揽全局、协调各方的核心作用。领导小组负责巴渝水文化高质量建设发展总体设计、统筹协调、整体推进。二是对接《水文化建设规划纲要(2011—2020 年)》，结合重庆实际，组织专家编制巴渝水文化建设规划纲要，绘制巴渝水文化高质量发展蓝图。三是分类指导建设一批巴渝水文化项目，发挥典型示范效应。同时，根据巴渝水文化资源开发不平衡性，全面实施分步发展战略。一方面，突出建设重点水文化创意产业；另一方面，打造特色巴渝水文化资源整合开发基地。

（二）深化文化体制改革，全力推进市场化运作

要牢牢把握重大历史发展机遇，进一步解放思想、凝聚共识，不断把重庆市文化体制改革引向深入，为巴渝水文化高质量发展奠定坚实的基础。一是完善制度建设，优化政策体系。鉴于巴渝水文化发展仍处于起步阶段，适当通过政策倾斜与扶持，推动水文化产业的跨越式发展。同时，不断完善水文化建设体制机制，构建、开发高效的常态化长效运行机制，如巴渝水文化资源鉴定排查机制、巴渝水文化资源整合开发机制等。二是加快巴渝水文化资本投资公司、运营公司试点的建设步伐，全力打造市场化运作平台。着力构建现代的法人治理机制，引进先进的经营管理模式。着力培育一批创新能力强、市场适应力强且具有行业引导力的龙头企业，逐步构建巴渝水文化高质量发展阵地。三是积极拥抱互联网，加强巴渝水文化建设发展中的新技术应用，推动巴渝水文化与互联网、大数据的全面结合。四是构建多渠道资金筹措机制。一方面，政府要加大财政支出力度，针对具有特殊性的水文化产业，给予重点扶持。同时，可建立信贷帮扶等资助机制，财政给予贴息等相应的政策扶持。另一方面，政府积极引导民间资本向巴渝水文化产业投资，拓宽资金渠道。

（三）整合资源，补齐短板，夯实高质量发展基础

一是依托重庆市水文化研究会，全面深入推进巴渝水文化理论与应用研究，深入挖掘巴渝水文资源价值。二是建立联动摸排机制，对巴渝水文化资源情况进行全面摸底调研，按照区域、规模、类型、使用情况等进行分类分析。三是建立巴渝水文化资源数据库，对排查后的巴渝水文化资源建档入库，组织专家进行专业鉴定。尤其是对

处于开发不理想、挖掘不深状态的优质水文化资源，要专题研究，提出具体的升级改造计划。四是要实施优质水文化产业基地的战略布局，按照现代化的高质量发展模式分类建设。五是打造一批特色的水文化品牌。如依托万盛水龙节活动，全力打造具有地方特色的水文化旅游节；打造“两江四岸”水文化旅游专线等。六是完善专业人才队伍建设。做好现有人才的培养工作，储备一批具有专业潜质的人才，形成人才梯队。科学实施人才培养与开发计划，合理地挖掘、开发、培养人才队伍，为巴渝水文化高质量建设发展提供智力及人力资源支持。

参考文献：

[1]靳怀堾.中华水文化通论[M].北京：水利水电出版社，2015.

[2]李宗新，李贵宝.水文化大众读本[M].北京：水利水电出版社，2015.

[3]中国水利职工思想政治工作研究会.水文化理论与实践文集（第二辑）[M].北京：水利水电出版社，2015.

[4]薛东娥.发展先进水文化　促进现代水利发展　加快经济发展方式转变[C]//2018（第六届）中国水利信息化技术论坛论文集.河海大学：北京沃特咨询有限公司，2018.

[5]余达淮，刘沛妤.面向“中国问题”的水文化研究与教育[N].中国社会科学报，2017-03-07(05).

（王燕任职于重庆水利电力职业技术学院，重庆市水文化研究与推广中心负责人，重庆科普作家协会会员）

长江与巴渝文明的起源、发展

程得中

巴人因水得名，起源于巫巴地区临水高地，沿长江流域迁徙并立国，建立起稻作和渔盐文明。秦统一后，对重庆的区域开发也是沿着长江，由干流到支流、由下游向上游循序开发的，取得了显著的效果。北宋中晚期，随着巴蜀地区商品经济和川江水运的发展，重庆的川江枢纽地位得以形成。水运的发达，使得重庆成为“商贾云集，百物萃聚”的商业型城市，城市功能从单一走向综合。并且随着重庆政治地位的提升和辖区的扩大，其开始成为巴蜀地区仅次于成都的重要城市。鸦片战争后，重庆因其川江航运枢纽的优越位置被强迫开埠，在被纳入资本主义世界体系的同时，自身的经济发展和城市建设也进入了历史新阶段。

一、片叶浮沉巴子国——因水而生的巴渝文明

（一）水与巴族的得名

巴渝文化与水有着不解之缘。一直以来有巴人因水为名说，认为巴的得名来源于河流走向，即所谓“巴字水”。最早提出这一说法的是三国时的谯周，他在所著《三巴记》中说：“阆、白二水合流，自汉中至始宁城下入武陵，曲折三曲有如‘巴’字，亦曰巴江，经峻峡中，谓之巴峡，即此水也。”“阆、白二水，东南流，曲折如‘巴’字，故谓之巴，然则巴国因水为名。”[1]阆水是指嘉陵江的上游流经阆中之处；白水是指白龙江，在今四川省广元市老昭化汇入嘉陵江。谯周所说巴的得名，应当来源于嘉陵江、渠江及其支流，因从汉中到涪陵江水蜿蜒曲折，其形状有如巴字，所以称巴。从阆、白二水曲折南流而后东流这种流向来看，恰好是谯周所说的“曲折三曲有如‘巴’字”。

（二）巴人起源

巴人起源于位于四川盆地与长江中游平原之间，陕西、四川和湖北交界之地的巫巴山地。巫巴山地所在的三峡库区历史久远，源远流长。学者们认为，生活在新石器时代早期峡江地区的古人类极有可能为巴人的祖先[2]。他们推测，“在人类尚无能力治理水患的当时，水害频仍的平原大坝，对原始先民来讲并非理想的栖息场所，他们只能依山傍水，既可利用水利，又可避开水害，从而这种既可农耕又能渔猎的中山地区，对生产力水平不高的民族部落来讲才是最理想的地方”[3]。除便于农耕外，巫巴山地丰富的丹砂和食盐也是巴人原始先民在此生息的重要条件。据初步统计，目前三

峡及邻近地区调查发现的相当于中原夏商时期的“早期巴人遗存”有近200处[4]，位于巫巴山地的主要有云阳李家坝、巫山双塘堰、江东嘴、魏家梁子、南陵村、大昌坝、琵琶洲等，而巫山双塘堰遗址、云阳李家坝遗址更是早期巴人的活动中心。巫山双塘堰遗址位于大宁河畔，占地10万平方米，经考古判定是距今3 000年前巴人的经济文化中心；云阳李家坝遗址与双塘堰巴人遗址相距80多公里，占地5万平方米，是当时巴人的第二中心地区。

（三）巴族迁徙与立国

巴族起源于水，生存繁衍也与水息息相关。巴族主要分为两支——龙蛇巴和白虎巴。龙蛇巴人起于汉水中游，商朝中叶因战败迁徙至长江夔、巫一带。白虎巴人起于巫山，当地共有五姓氏族，为选举君长，约定比试掷剑，能掷中石穴者为首领。结果巴氏务相掷中石穴，但其余四人并不服气。于是又约定各乘土船，看谁能使船浮而不沉就立他为君。结果其他四人的船都沉了，只剩务相的小船漂浮在水面上，最终大家心服口服，推举务相做了最高军事首领，并授予他“廪君”称号，因此，该部落又称为廪君巴。廪君巴勇武强悍，具有较强的扩张性，一直在沿水路不断迁徙。廪君“共立”之后，便率族人乘船从夷水溯清江而上进行大迁徙，“浮土舟于夷水”[5]，“乘土船从夷水至盐阳”[6]，到达盐水南面（今湖北省长阳县西），遭遇当地尚处于母系氏族社会的“盐水女神”部落，经十余日激烈的战斗，灭掉该部落[7]，于是以夷城（今湖北恩施）为中心，建立起以“巴”为名的部落联盟，史称“夷城巴国”。凭借清江流域丰富的盐泉及娴熟的操舟技能，廪君巴经济基础日益雄厚，军政力量日渐强盛，具备了扩张领土、掳掠人口和抢夺财富的条件。

廪君巴人控制清江流域后，继续扩充地盘。一路沿乌飞水（大溪河）北上，返回三峡地区，占领拥有盐泉的今奉节、云阳、万县、忠县等地；一路沿郁水进入乌江水道，到达乌江与长江的汇合处——枳（今涪陵），以此为国都开创了巴王国，成为川东、鄂西和黔北最大的军政势力。巴国继续向西扩张，到达平都（今丰都），将此开辟为国家放牧牲畜之地。春秋末期，巴国从枳向西溯江而上，占据江州（今渝中区）并迁都于此。此后进一步沿嘉陵江北上扩张领土，在今合川遭到濮族的顽强抵抗，巴王战死，葬于钓鱼城。此后巴国又发动一系列战争，将蜀国势力排挤到阆中以西和以北，从而控制了川北以及汉中地区；向南占据了今黔北一带，从此巴人进入了鼎盛时期。据《华阳国志·巴志》记载，处于鼎盛时期的巴国疆域“东至鱼腹（今奉节），西至僰道（今宜宾），北接汉中（今陕西南部），南及黔、涪（今彭水、黔江一带至贵州东北和湘西北等地）”，即控制了以嘉陵江、长江、汉水、乌江流域为腹心，包括今重庆、川东北、陕南、鄂西、湘西北和黔北等在内的广大地区。

（四）水与巴族的生产生活

巴人入川后，带来了原在汉水中游已经有所发展的农业生产技术，推动了该地区稻作农业的发展。稻作农业多分布在沿江和河谷冲击平坝地区，《华阳国志·巴志》记载江州“县北有稻田，出御米”，即今天的重庆市江北区和渝北区的长江、嘉陵江沿江地区，已开辟成水田，种植稻谷。巴人还培育出了优质的水稻品种，用于研磨成粉用作化妆，江州“县下有清水穴①，巴人以此水为粉，则膏晖鲜芳，贡粉京师，因名粉水，故世谓江州堕林粉也”[8]。

制盐业是巴国一项重要的、传统的手工业门类。廪君巴正是因为占据了盐业资源丰富的清江流域，才得以发展壮大，在进入产盐的三峡地带后，继续大力发展这一产业。据考古工作者发掘，忠县约五公里长的路段内有七八个巴人遗址区，出土的陶器是用来制井盐的，同时还发现了一个完整的汉代盐井遗址，专家据此推测这里是巴人的制盐基地。

由于制盐业的发展，长江上的水路运输也开始出现。早在夏商时期，在今巫山、奉节、云阳一带所产的食盐便通过三峡航道，西向经长江入沱江，到达成都平原；东向沿长江出峡抵云梦盆地，供应荆楚地区；北上通过大宁河上游的若干支流，供应汉中、安康乃至中原地区。此外，巫山附近的丹砂也是三峡航运的一大热点，其线路为郁江—乌江—长江，从而行销成都平原和峡外。当然，受到当时经济状况和人口、技术因素的限制，当时的商运规模有限。

二、因水而兴——巴渝历史开发进程

秦灭巴国，重庆开始被纳入中央王朝的政治版图，历代对重庆的开发经历了从长江、嘉陵江、乌江等干流地区开始，然后溯江向支流、次级支流纵深发展的历史进程，从人口分布看，呈现北高南低、西密东疏之势，人口密度由西北向东南递减。在这一进程中，农业耕作区不断扩大，少数民族被同化，经济社会逐步向前发展。宋代开始，随着经济重心南移的完成，重庆的川江航运枢纽地位也逐渐形成，发达的水运促进了商业的繁荣。一直到开埠前，重庆商品经济都呈现出繁荣景象，工商业人口超过农业人口，成为一个名副其实的商业都会，开始向近代资本主义转化。

（一）历史时期巴渝地区的开发

从秦汉一统，经历魏晋南北朝的长期战乱，再到隋唐的重新统一，巴渝地区的经济、文化得以初步发展。长江、嘉陵江、乌江作为巴渝地区三大母亲河，孕育滋养了勤劳勇敢的巴渝各族人民，巴渝地区的开发也是建立在对三大流域的开发基础上的，从其历史进程来看，存在着一定的规律。

1. 干流开发早于支流及其他地区。秦汉和三国两晋南北朝所置县均位于长江、嘉陵江及乌江干流。

2. 支流开发中，先下游、后上游，逆流而上进行开发。僰溪（今綦江）流域较为典型。南齐永明五年（487 年）移江州治于僰溪口（今江津区顺江镇）；唐武德二年（619 年）、贞观三年（629 年）先后在僰溪中游置隆阳、丹溪、三溪等县；贞观十六年（642 年）又在其上游置荣懿、扶欢、乐来等县。在渝涪地区的中北部、西部也是这样，隋代在涪江支流上置赤水县，武周时在涪江的另一支流安居水（今琼江）附近置铜梁县，盛唐时又在支流小安南溪（今大安溪）上置巴川县，随后又经小安南溪

① 清水穴，在今重庆市南岸区，今名清水溪，至今仍以水质好、景色秀美而著称。

支流大足川，越过分界线进入沱江支流赤水（今濑溪河）置大足县。在其西南部，初唐时先在长江干流置万春县，随后在长江的小支流乐城溪（今璧南河）上置壁山县，后又在另一支流朱杨溪上置永川县。总之，支流开发是自下而上、由干流向支流、由平坝和浅丘向深丘发展的。

3. 东南部的置县与开发大致早于中北部、西部地区。巴渝地区东南部各县都创设于初唐，虽迭有省并但仍有十余县保存下来；中北部、西部地区各县都置于武周及以后。到唐代晚期，巴渝地区的区域开发已经推进到丘陵山区，县的设置已相当密集。虽然南部地区置县主要是对少数民族实行羁縻政策的结果，经济开发相当有限，但客观上为以后对该地区的进一步开发奠定了基础。详见表1。

表1　巴渝地区历代置县及其分布区域一览表

时期	置县数量	置县位置		
		三江干流	三江支流	三江二级支流
秦汉	8	江州、垫江、枳县、朐忍、鱼复、巫县、涪陵、平都、临江		
三国两晋	12	乐城、常安、汉平、汉复、南陵	汉葭、晋兴（青石）、羊渠、南浦、北井、泰昌（大昌）、汉丰	
南北朝	9	江州（江阳）、丹阳、武陵	魏安、鱼泉、梁山	垫江、新浦、巴渠
隋唐	28	丰都、万春（万寿）、武龙（武隆）、杜洪	永安、乐温、温山、南川、隆化、三溪、遂宁、璧山、丹溪、永川、南宾、信宁、盈隆	石城（黔江）、赤水、隆龛、铜梁、巴川、南平、荣懿、扶欢、昌元、大足、静南
宋	3		龙渠、大宁	南平军
元	3	长寿	綦江	酉阳
明清	5	江北	安居、石柱厅	城口、秀山
民国	20	武隆	潼南	
合计	70	23	29	18

资料来源：周勇．重庆通史（第一卷）[M]．重庆：重庆出版社，2002：108-109.

（二）水运和商业的发展

隋代以前，对川江航道治理较少，贡物运输多沿嘉陵江北上，但改线路需要跨越秦岭，道路险阻。隋唐五代时期，航运事业大为发展，输贡船只多利用川江水道之便，出三峡，下江陵再北转东都（洛阳），或至万州再北运上都（长安）。由于经济重心已经转移到长江中下游地区，三峡航道成为重要的漕运和商业通道，封建政府用这条航线把巴蜀的军粮运送到成州（今甘肃成县），商人则经由该线路把蜀茶贩运到陇右，陇右的盐也经由该线路输入巴蜀。由于唐初在綦江（时称僰溪）进行开发，綦江的通航能力也大为改善，水道可达南平州（今綦江县赶水镇）。巴蜀物资由船载至綦江东溪，云贵两广的客商也将巴蜀所需物资运达东溪，双方在东溪进行贸易。乌江的通航能力在隋唐时期也得到加强，据《元和郡县图志》记载，当时已能通航至思州（今贵州沿河），加强了川黔商贸往来。

北宋中晚期，随着嘉陵江流域与外部交往的增多，川江水运不断发展，重庆的川江枢纽地位逐渐形成，区位优势日趋明显。这一地位的形成，与巴蜀地区经济的发展密切相关。宋代，巴蜀地区成为中国西部最发达的经济区，岷江、嘉陵江及其支流沿线地区的经济迅速发展，梓州、遂州、利州、果州、阆州、合州等沿江州县成为重要水码头，巴蜀出川物品都先集中到临近水码头，再通过水路集中到重庆，然后转运出川。入川的物资同样先集中在重庆，然后由重庆转运到各水码头，再输送到川内各地。这样，以重庆为中心、巴渝境内各水码头为分支，形成了庞大的川江航运水路交通网络。

两宋时期，川江漕运出现了前所未有的繁荣局面。封建政府组建了漕粮、布匹、盐、茶、丝绸、铜、铅等纲运船队，物资源源不断地通过峡江航道运往政治中枢。其中粮食最为大宗，尤其在南宋偏安后，三分之一的军粮仰赖于川峡四路，每年调运川粮达到 150 万石。绍兴初年，在和州设置转船仓，川西、川南的眉、嘉、蜀、泸、叙诸州所输粟米都由长江运至重庆；然后溯嘉陵江而达合州，集中储于转船仓；再由合州陆续转运至阆州、利州，到夏季水盛再北运至川陕前线。此种转漕方法，一直持续了 30 余年。布匹也为漕运大项，宋初每年达百万匹，至真宗“咸平中，定岁运六十六万匹，分为十纲”[9]。此外，四川每年两税收入中的绢绸即达 45 万余匹，其中相当一部分亦经川江外运，史载“两川……水路纲运，不可胜纪”[10]。同时，南宋时还用茶叶交换川西北边境少数民族的战马，这些马匹由利州经阆州、果州、合州、恭州用船载运至荆南，形成“商贩溯嘉陵而上，马纲顺流而下”[11]的景象。

明代，由于经济的恢复和发展，川江航运重新兴盛起来。长江、嘉陵江、岷江沿江水驿得以重新恢复设置，沟通滇东北的永宁河也整治开通。水运物资主要有饷边粮运、易马川茶、东运蜀锦川丝及北运之大木。明代，茶马贸易规模很大。洪武十四年（1381 年）起，朝廷下令每年以四川各地所产茶叶交换少数民族马匹，于是在长江上形成了一条茶马运输线，每年所换马匹顺江东下至京城。清代，为适应川盐、川粮、滇铜、黔铅的调运和进一步沟通云贵与内地的联系，对长江、嘉陵江、岷江及其支流河道进行了整治，长江南岸的一些支流小河和金沙江也渐次开发通航。水路的畅通，促进了水上运输的发展，雍正年间，川江水运出现了繁忙景象。当时每年通过重庆转运出川的米粮有 150 万石左右，重庆城区津渡大都成为转运粮食的“米口”。雍正五年（1727 年）开始，由于铸币需要，滇北东川、丽江、蒙自所产铜向北京运送，运输线路是经陆路到叙永，入长江由泸州到重庆，水运出川至江苏，转大运河至京城。乾嘉时期，川江水运进入全盛时期。乾隆年间，川盐产量已达 1.6 亿斤，四川各地所产盐在重庆汇集，通过綦江、乌江运抵贵州，也有部分运往湖北西部。嘉庆年间，沱江流域逐渐成为新兴产糖区，除满足本省需求，其余经重庆销往湖北。经重庆外运的滇铜、黔铅每年数量相当巨大，最盛时每年在百万斤以上。另外，大量的丝绸、布匹、山货、药材等经重庆转口的商品也有增加。外地输入的商品，如江浙、湖广的原棉、土布、苏广杂货等也运抵重庆，转销四川各地及云南、贵州，甚至远销至缅甸北部。当时，各种各样堆积如山的物资萃聚于重庆，史籍记载此盛景："万家烟聚，坊厢廛市，傍壑凌岩。吴、楚、闽、粤、滇、黔、秦、豫之贸迁来者，九门舟集如蚁。陆则受廛，水则结舫。"[12]

（三）城市地位的提高和功能的增强

宋代以前，巴郡（渝州）是一个以政治、军事功能为主的城市，但其政治、军事地位逐步下降。秦汉时期，江州作为巴郡首府，一直发挥着川东地区军政中心的作用；两晋南北朝时期，随着信州（夔州）地位的提高，巴郡（渝州）的川东地区军政中心地位逐渐丧失，至隋唐五代已成为普通政区，重要程度甚至在昌州、合州之下。宋代，由于巴渝地区农业、手工业、商业的发展，以及渝州成为川江航运的中心，州（府）城工商业日益繁荣，渝州（重庆府）的城市功能从单一的政治、军事功能向政治、军事、经济、文化的综合职能发展。可以说，自宋代开始，重庆成为真正意义上的城市。

明清时期，城市人口继续发展。清代中晚期，重庆城市人口已经突破 20 万，非农业人口所占比例越来越大，重庆已经成为一个以转口贸易为首要职能、以工商业为主的城市。清代川江航运的发展和四川商品经济的发展，促使重庆这个沿江口岸城市的商业贸易开始步入发展的新时期。重庆以其发达的水路交通吸收了四川各地的物资，进行转口贸易，成为商业都会。乾隆三十八年（1773 年），重庆城外定远厢共 300 户，其中 208 户从事工商业，占总户数的三分之二。嘉庆十八年（1813 年），金紫坊、灵璧坊有 534 户，其中从事工商业的 362 户，占总数的三分之二左右。以上数据说明，至开埠前，重庆工商业人口比重已经居于主导地位，重庆已经成为一个以转口贸易为主要职能、以工商业为主的城市。

清代中后期，由于商品经济的不断发展，周边地区人口不断向重庆城区转移，重庆的城市化进程开始出现。这一时期，重庆依靠优越的区位优势，吸引各地的资本、技术和人才，逐步扩大了区域市场和经济辐射范围，成为四川地区除成都外的另一经济中心，这一转变与四川经济重心的东移相辅相成、互为推动。

三、因水而荣——重庆的开埠与建市

1840 年，英国发动鸦片战争，用坚船利炮打开了中国封闭的大门，中国历史进入风云变幻的近代时期。重庆作为川江航运的枢纽，被列强觊觎已久，终于在 19 世纪 70 年代被迫通商，古老的重庆从此被裹挟入世界市场的洪流，进入荣辱浮沉的新时代。

（一）被迫开埠

19 世纪 70 年代以来，英国打通川江航道，迫使重庆开埠，进而以此为据点控制四川及西南市场的野心日益强烈。1876 年 9 月 13 日，《中英烟台条约》正式签署。其中"通商事务"一节中规定："又四川重庆府可由英国派员驻寓，查看川省英商事宜。轮船未抵重庆以前，英国商民不得在彼居住，开设行栈，俟轮船能上驶后，再行议办。”由此可见，英国通过《中英烟台条约》首先取得了“派员驻寓”重庆的权利，虽然未能达到让重庆开埠的目的，却在侵略和夺取重庆的道路上迈出了重要的一步。经过十余年的准备，在英国政府的支持下，英国冒险家立德乐特制了一艘适于川江航行的“固陵”号轮船，组成川江轮船公司，准备上驶重庆，并迫使清政府答应“重庆即准作为通商口岸无异”，于1890年3月31日签订了《烟台条约续增专条》。随后，身居中国海关总税务司职的英帝国主义分子赫德，任命英国人好伯逊为重庆海关税务司。1891年3月1日，由英帝国主义分子控制的重庆海关正式开关。重庆海关的建立标志着重庆正式开埠。

（二）开埠后重庆的发展

1891年3月1日，重庆海关的建立标志着重庆正式开埠，被纳入了世界资本主义市场体系，成为西方列强侵略四川乃至西南地区的一个据点。固然，西方列强开埠重庆的初衷是开辟市场、倾销商品、掠夺原料等，使重庆沦为了半殖民地化的城市；但开埠却在客观上加大了重庆与外部世界的联系，西方的现代化因素由此逐渐输入重庆，从而促进了重庆的城市近代化。正如陈旭麓先生所说：“近代中国开埠的趋势是由沿海入长，由下游而上游，并逐步进入内陆腹地。这些埠口，在中国封建的社会体系上戳开了大大小小的窟窿。外国资本主义的东西因之而源源不断地泄入、渗开。这是一种既富于贪婪地侵略性，又充满进取精神和生命力的东西。”从19世纪70年代重庆被迫开埠，到20世纪20年代的这半个世纪里，依靠长江上游航运枢纽的区位优势，重庆已经发展成为四川乃至西南的商业、金融中心，资本主义近代工业已经初步建立。

1891年重庆开埠，重庆逐渐被纳入世界资本主义市场体系。重庆近代工业开始出现，纺织业、火柴业、矿业、电力、制造业陆续兴起。同时，随着川江轮船运输的发展，促使重庆城市腹地区域大为扩大，经济辐射能力显著增强。开埠以前，重庆城市腹地区域主要是嘉陵江流域、綦江流域以及长江重庆以上段的沿江部分地区。开埠以后，重庆与川西地区及滇北、黔北、康藏、陕南、甘南等区域的经济联系日益密切，这些区域逐渐被纳入重庆的经济轨道，成为重庆的经济腹地。到20世纪30年代，重庆的城市腹地大致可以分为三类：即城市周围与重庆城市经济连为一体的核心区域；四川盆地内与重庆经济往来密切的紧密区域；盆地四周与重庆有一定经济联系的周边区域。

川东、川南以及川东北地区是重庆城市腹地的核心区域。这些地区在20世纪30年代还未出现较大的工业城市或交通枢纽，大都只能以重庆这个本区域最大的工商业城市作为经济流通、商品交换的主要对象，因此成为重庆的主要粮食供应地、农副产品及原料产地，并通过重庆与外地市场发生联系和进行经济交往。同时，这些地区也是重庆城市的工业制成品和经重庆转口的外来产品的重要销售市场。川西地区是与重庆经济往来密切的紧密区域，该区域主要是为重庆提供中转外销的农业、手工业原料及初级产品，由于本地区有川西最大的手工业和消费城市——成都，因此会有一部分销往成都或经成都分流而销往其他地区。四川盆地周边地区是与重庆有一定经济联系的周边区域，包括云贵高原、横断山地、陇南山地、秦巴山地的部分地区，即黔北、滇北、康藏、陇南、陕南等地，这些区域对外较为封闭，经济相对落后，随着经济开发的深入，与重庆的联系逐渐密切起来。

近代以前，中国的经济形式仍是自给自足的农业经济，虽然有商品贸易，也不过是简单的手工业制品和农产品的交换，因此，没有形成统一的市场。鸦片战争后，这一形势被打破，殖民主义者首先占领长江入海口，进而以此为跳板，通过长江连接广阔的沿江腹地，使这些地区一一沦为列强的原料产地和商品市场，长江流域经济历史上第一次形成一个整体。正是因为优越的地理位置，上海在短短几十年时间里成为中国的经济中心。拥有同样优越地理条件的重庆，开埠以后经过几十年的发展，以自身在商业和贸易上的独特地位，加入长江流域经济开发行列，逐渐由一个区域政治、商业中心发展成为长江上游的经济中心，成为长江经济带上连接西部广大地区的重要枢纽。

（三）重庆建市

19 世纪 70 年代到 20 世纪 20 年代的半个世纪里，重庆已经发展成为四川及西南的商业、金融中心，具有近代资本主义性质的近代工业也初步建立。近代工商业的建立和发展，加强了重庆对邻近地区、四川乃至整个西南的吸引力和辐射力。

随着重庆经济的发展，外来非农业人口大量涌入，到 20 世纪 20 年代，重庆人口已达 40 余万，其中流动人口 20 余万，进入了快速城市化的阶段。与重庆的发展不相称的是其市政建设的落后，当时《市政报告》称："然而市政窳败，街道之狭隘，沟渠之秽污，煤烟之蒸敝，其不堪居住，亦为全世界通商各埠所无。"[13] 清朝灭亡后，出现军阀混战局面，各个军阀相继入主重庆，根本无暇顾及市政建设。1926 年，刘湘占据重庆，一直到 1935 年 7 月迁往成都，重庆获得了 10 年较为稳定的发展机会，市政建设有了重要发展。1926 年 6 月，刘湘改市政公所为商埠督办公署，8 月 1 日正式办公。商埠督办公署综理全埠事务，下设收支局、工务处、财政处、公安处、总务处、新市场管理局、江北办事处等机构，负有城市管理和建设的职能。商埠督办公署的建立，是重庆城市发展史上的一件大事，标志着重庆市建制的诞生，重庆在城市近代化管理方面迈出了重要一步。

1927 年 11 月，重庆商埠改为重庆市，设立市政厅，委任潘文华为重庆市市长。从此，重庆成为以市为名的市建制城市。重庆市设市政厅，设市长一名，市长下设公安局、民生局、工务局、财政局、总务处、江北事务处、土地经理处、秘书处等。市政厅的行政职权相当广泛，相比商埠督办公署加强了警察、财税与市政建设三个部门的职能，城市功能得到进一步加强和发挥。在市政厅基础上，1929 年 2 月 15 日，正式成立重庆市政府，重庆正式建市。

20 世纪 20 年代是重庆城市发展的重要 10 年，市政机构的演变经历了商埠办事处、市政公所、商埠督办公署、市政厅到市政府等重要发展阶段。重庆建市标志着重庆城市管理趋于系统化，有力促进了城市市政建设和城市经济的发展。

四、结语

中华人民共和国成立以来，重庆作为长江上游水运枢纽和经济中心的地位虽在一段时期内有所动摇，但改革开放后又得到了巩固和加强。一直到1997年，随着三峡大坝的建设提上议事日程，重庆的战略地位进一步增强，终于获准成为直辖市。这一历史性的事件是重庆得天独厚的地理优势的直接体现，也是历史时期巴渝人民拼搏进取、利用一次次历史机遇不断实现区位提升的累积结果。

参考文献：

[1]李昉.太平御览[M].北京：中华书局，1960：308.

[2]朱世学.三峡考古与早期巴文化源头研究[J].重庆三峡学院学报，2010(1)：18-23.

[3]管维良.巴族史[M].成都：天地出版社，1996：3.

[4]杨华.长江三峡地区夏商时期古人类文化遗址的考古发现与研究[M]//重庆大学.三峡文化研究第二集.重庆：重庆大学出版社，1999.

[5]郦道元.《水经注》卷三十七《夷水》.

[6]范晔.《后汉书》卷八十六《南蛮西南夷列传》.

[7]范晔.《后汉书》卷八十六《南蛮西南夷列传》.

[8]常璩.《华阳国志》[M].济南：齐鲁书社，2010：64-65.

[9]徐松.《宋会要辑稿》卷三百《食货》，卷四百零五《兵》.

[10]脱脱.《宋史》卷一二六《食货志》.

[11]徐松.《宋会要辑稿》卷三百《食货》，卷四百零五《兵》.

[12]王尔鉴.《巴县志》卷二.刻本.嘉庆二十五年.

[13]周勇.重庆通史(第三卷)[M].重庆：重庆出版社，2002：843.

（作者为重庆交通大学马克思主义学院副教授，博士、硕士生导师，重庆市水文化专家库成员）

白鹤梁题刻与峡江古史研究

刘兴亮

白鹤梁题刻位于重庆涪陵长江江心，据最新统计，该处题刻共计有“石鱼14组18尾，其他图像雕刻3幅（其中白鹤雕刻1幅，观音及人物线刻2幅），文字题刻183则，文字约12 000字，在所有年代明确的题刻中，年代最早的是唐广德二年（764年）前的石鱼，题刻包括唐代前1则、北宋27则、南宋71则、元代5则、明代18则、清代27则、近代13则、现代3则，年代不详者18则”[1]。目前，学术界有关该题刻的研究已渐成系统，已出版曾超《三峡国宝——白鹤梁题刻汇录与考索》、陈曦震《中国长江水下博物馆——白鹤梁题刻》、黄海《白鹤梁题刻辑录》等学术专著多部，另有如高文等编《四川历代碑刻》[2]、长江水利委员会宣传出版中心编《长江志》[3]、胡人朝编《中国西南地区历代石刻汇编·四川重庆卷》等书也对一些题刻拓本与文字做了收录。而至目前所发表的近百篇论文中，大体涉及白鹤梁题刻研究的方方面面。就史学研究领域而言，现有成果中，已有曾超、王晓晖、李胜等人对题刻文字所透露的史学信息有过条理化的解读。然而当前各方所论虽多，但多仍聚焦于具体的题刻，鲜有从宏观层面考察题刻与峡江地区古史关系[4]的研究。基于此，本文拟专就这一论题予以讨论。

一、考史与补史

涪州一地，唐时属江南西道，入宋后则先后隶西川路、峡路、夔州路等。因此地“在蜀江之南，涪江之西，故为名”。《元和郡县志》云：“涪州去黔府三百里，输纳往返，不逾一旬。去江陵一千七百余里，途经三峡，风浪没溺，颇极艰危。自隶江陵近四十年，众知非便，疆里之制，远近未均。”[5]又，北宋时乐史所著的《太平寰宇记》记载其民“并是夷獠，露顶跣足，不识州县，不会文法，与诸县户口不同，不务蚕桑”[6]。南宋以后，涪州虽“于三峡为要郡”，但境内大部分地区仍不改“巉岩险峻之中，其俗刀耕火种”[7]的现实。故从唐代以来，涪州就基本在文化上属于边缘地带，政治上亦为疏离区域，而这种现象则造成了两种趋势：一是传统史书对于这一区域的记载颇多缺漏，举凡域内制度、经济、文化、人物、历史事件等记载，均仅存只言片语；二是这一区域成为官员流放以及失意流寓文人的聚集地。上述趋势在唐宋时期尤其明显。众所周知，现存白鹤梁题刻主要集中于宋代，但明清题刻数量也颇为可观。题刻者主要是当时的地方文士、涪州及周边州县的官员、流寓文人等。题刻的性质则多属于交游留题，当然也有些则在于彰显地方治迹。因此，通过白鹤梁题刻所附历史信息，我们完全可以从中探寻出涪州更或是巴蜀一带一些尘封的历史，亦可对部分史实或史传人物生平有所补缺或证误。

有关历代涪州知州等地方官员的情况，传统史书多缺漏。然遍观白鹤梁题刻，即可粗线条勾勒出涪州宋元以来职官转任概况，特别是作为主政一方的涪州知州的迁转活动，大体上接续清晰。比如仁宗嘉祐二年（1057 年）知涪州的武陶，字熙古。其人《宋史》无传，事迹不详。欧阳修《欧阳文忠公集》有《条列文武官材能札子》言“通判中五人可以升陟差使。并州通判、秘书丞张日用通晓民事；岚州通判、殿中丞董沔清洁，勤于吏事；宁化军通判、大理寺丞武陶勤干；屯田员外郎、麟州通判孙预清勤；保德军通判、赞善大夫吴中廉干”，此文撰于庆历四年（1044 年），当时欧阳修为河东转运使，“奉敕差往河东体量得一路官吏才能”[8]。文中所言武陶，时为宁化军通判，与欧阳修相熟识。而据《武陶等题名》可知，至晚在十三年后，也就是嘉祐二年（1057 年），武陶已转任涪州知州。又比如元丰八年（1085 年）涪州知州郑顗。现存史料仅见《苏魏公集》有敕文《屯田员外郎郑顗可都官员外郎、太常博士陈紘可屯田员外郎、秘书丞彭慥可太常博士》，可知郑顗曾为屯田员外郎、都官员外郎。而据《郑顗等题名》所记则可补其元丰八年（1085 年）前后为官涪州，任涪州知州的经历。

今据题刻所记，整理出宋代以来历代涪州知州情况，如下表：

朝代名	姓名	题刻所见官称	任官时间	所见题刻名
北宋	王公□	知郡	端拱元年	《朱昂题诗记》
	武陶	知郡事	嘉祐二年	《武陶等题名》
	颜亚之	（涪州）太守	熙宁七年	《韩震等题名》
	郑顗	权知涪州	元丰八年	《吴缜等题名》
	杨嘉言	知军州事	元祐六年	《杨嘉言等题名》
	姚珏	郡守	元祐八年	《姚珏等题记》
	杨元永	太守	约崇宁间	《杨公题诗》
	庞恭孙	知涪州军州事	大观元年	《庞恭孙等题名》
	司马机	涪陵督邮、实摄郡事	政和二年	《王蕃诗并序》
南宋	王拱	摄郡事	建炎三年	《陈似等题名》
	王择仁	涪陵郡守	绍兴二年	《王择仁题记》
	贾思诚	知军州事	绍兴七年	《贾思诚等题记》
	何宪	知涪州军州事	绍兴十八年	《何宪等倡和诗并序》
	赵彦球	摄守是邦	乾道三年	《赵彦球等题记》
	卢棠	摄涪陵	乾道七年	《卢棠等题名》
	冯和叔	郡守	淳熙五年	《冯和叔等题名》
	朱永裔	假守	淳熙六年	《朱永裔题记》
	夏敏	郡守	淳熙十一年	《夏敏等题名》

续表

朝代名	姓名	题刻所见官称	任官时间	所见题刻名
南宋	李瑀	郡太守	宝庆元年	《李公玉题记》
	张霁	郡太守	淳祐三年	《张霁等题记》
	邓刚	郡守	淳祐八年	《邓刚等题名》
	赵汝廪	郡守	淳祐十年	《赵汝廪观石鱼诗》
	刘叔子	郡假守	宝祐二年	《刘叔子诗并序》
元代	咬寻进义	同知涪州事	至大四年	《安固题记》
	宣候爰	监郡	天历二年	《王正题记》
	张八歹	涪守	至顺四年	《张八歹木鱼记》
明代	刘冲霄	涪州知州	洪武十七年	《刘冲霄诗并序》
	雷觳	涪陵守	洪武二十三年	《雷觳题记》
	□公	涪州太守	成化七年	《成化抄写古文诗记》
	袁宗夔	州守	正德元年	《李宽观石鱼记》
	黄寿	涪守	正德庚午	《黄寿石鱼诗》
清代	萧星拱	郡守、涪州牧	康熙二十三年	《萧星拱观石鱼记》 《萧星拱重镌双鱼记》
	董维祺	涪刺史	康熙四十五年	《董维祺题记》
	罗克昌	涪州刺史	乾隆十六年	《罗克昌题记》
	张师范	州牧	嘉庆二十年	《张师范诗记》
	濮世濂	无	咸丰三年	《濮文升题记》
	濮文升	无	同治十年	《濮文升题记》

从上表所作统计来看，自宋端拱元年（988 年）始，迄于清同治十年（1871 年），白鹤梁题刻所见涪州历代知州共有三十三人之多，而其中除个别人见载于涪州本地方志外，其他人等多史无详述。比如清末施纪云等纂《涪陵县续修涪州志》所录历代知州中，见于题刻者有赵汝廪、庞恭孙、杨嘉言、费祁、孙仁宅等数人，然据该志所称，实际多为“引水碑记之”[9]。而在转录过程中，该志仍见缺失，并未将司马机、□公、王公□等为官信息录入。须知，《涪陵县续修涪州志》成书于民国初，其“秩官志”部分的文字又基本承继于前志，故检视清人所修的几部涪州志也均存在上述情况。而这也恰恰说明，白鹤梁题刻在保存涪州历代秩官信息方面助力良多，且所存较方志较为全面完整，这是非常难能可贵的。

就蜀地诗文而言，自古以来巴蜀地区号称诗歌繁盛之地，但随着时间的流逝，前世诗文凡未能及时入集刊印者，则往往亡佚无存，白鹤梁题刻则保存了一批入蜀文人及蜀地官宦的作品。比如朱昂题诗：“欲识丰年兆，扬鬐势渐浮。只应同在藻，无复畏吞钩。去水非居辙，为祥胜跃舟。须知明圣代，涵泳杳难俦。”有关朱昂生平，《宋史》无传，然宋人诸书多有引录，但唯独此诗不见有只言道及，及至清末陆心源编《宋诗纪事补遗》时，得白鹤梁题刻拓片一套，方据题刻补入此诗，名之为《观石鱼成诗一章因歌圣德》。又比如皇祐元年（1049 年）刘忠顺诗："七十二鳞波底镌，一衔蓂草一衔莲。出来非其贪芳饵，奏去因同报稔年。方客远书徒自得，牧人嘉梦合相先。前知上瑞宜频见，帝念民饥刺史贤。"清代以前文献对此诗少有记载，《宋诗纪事补遗》名之为《留题浩州石鱼》，其所谓"浩州"，当为"涪州"之误。作为此诗的和诗，约于宋元祐间有尚书屯田员外郎、知梁山军水丘无逸题诗："谁将江石作鱼镌，奋鬣扬鬐似戏莲。今报丰登当此日，昔模形状自何季。雪因呈瑞争高下，星以分宫较后先。八使经财念康阜，寄诗褒激守臣贤。"后人名此诗为《无逸谨次韵和公执转运郎中留题涪江双鱼之什》，此诗亦不见宋元文献有载。除以上所列举外，还比如镌于北宋崇宁前后的《杨公题诗》："邀客西津上，观鱼出水初。长江多巨石，此地近仙居。所记皆名笔，为祥旧奏书。丰年知有验，遗秉利将舒。戏草春波静，双鳞乐意徐。不才叨郡寄，燕喜愧萧疎。"据考，此杨公，字刚中，北宋崇宁间为涪州知州，亦曾知费县事。然其传世作品，除此白鹤梁题诗外，仅见《山左金石志》所录寥寥数语。又如南宋间《何宪等倡和诗并序》："何年天匠巧磨□，巨尾横梁了莫穷。不是江鱼时隐见，要知田稼岁凶丰。四灵効瑞非臣力，一水安行属帝功。职课农桑表勤惰，信传三十六鳞中。岁将大稔，双鱼出见，邦人纵观，以慰维鱼之占也。戊辰正月二十有八日，鱼出水数尺。知府、学士置酒瑞麟阁，邀宾佐以乐之，又蒙出示佳篇，以纪其实。辛虽非才，辄继严韵，斐然成章，但深惭恧，伏幸采览。"明洪武十七年（1384 年）所镌《刘冲霄诗并序》："石鱼见处便丰年，自我居官亦有缘。愿得从今常献瑞，四民乐业永安然。"清康熙间高应乾诗作："访胜及春游，双鱼古石留。能观时显晦，不逐浪沉浮。守介难投饵，呈祥类跃舟。胥归霖雨望，千载砥中流。"以上诸篇均仅见于白鹤梁。这些作品的存世，为我们今天分析当地流寓文学作品的特点，考察该群体的创作心态，及至考订创作者生平信息，编续作品总目等均具有极其重要的价值。

需要注意的是，现存白鹤梁题刻中有名有姓者就有三百余人之多，这些人中，有些生平事迹固难以寻觅，但是有些人史料记录则为数不少，通过白鹤梁题刻中所存史料信息，当可证传世史料之误，亦可补某人生平事迹之漏。例如北宋著名诗人、书法家黄庭坚，其于绍圣年间因"修史多污"，被贬知鄂州，旋再被贬涪州别驾、黔州安置。对于黄庭坚涪州之行，其所著《山谷集》等多有文字记述，言其在绍圣五年（1098 年）三月间，然此次并未有游观白鹤梁之记载。而"元符庚辰涪翁来"题记则侧面印证，绍圣以后，黄庭坚或于元符三年（1100 年）再次到过涪州，于此次畅游白鹤梁，并作题记。又比如秦九韶，其为南宋著名数学家，字道古，普州安岳（今四川安岳）人，曾历任县尉、通判、参议官、州守、同农、寺丞等职，先后在湖北、安徽、江苏、浙江等地做官。秦九韶十八岁时曾"在乡里为义兵首"，后随父亲移居京部。宋代文献对于秦九韶出川后的经历记载甚详，但独不见载其归蜀经历。通过白鹤梁题刻，则足可补此记载之缺。据题刻载，宝庆二年（1226 年）正月十二日，秦九韶随同父亲秦季槱到涪州，在涪陵州守李瑀、郡纠曹掾何昌宗等人陪同下去观看石鱼，并刻石题名，其中有一题记云："季槱之子九韶道古，瑀之子泽民志可同。"另一题记则曰："郡守李瑀公玉，新潼川守季槱宏父，郡纠曹掾何昌宗季文，秦季槱之子九韶道古，瑀之子泽民志可同来游。石鱼闰八年不出，今方了然，大为丰年之祥，此不可不书。宝庆二年正月十二日，涪州太守。"宝庆元年（1225 年）六月，秦季槱以显谟阁知潼川府。而越年正月所镌秦季槱与秦九韶《涪州石鱼题名》，则证实秦九韶此次归蜀实由涪西进到达潼川任所。

至于题刻所载人物，可以证传世史书记载之误，此处姑举三例以证之。比如《向仲卿题记》中所载之刘师文，即刘甲，《宋史》（卷三百九十七）载："其先永静军东光人，元祐宰相挚之后。父著，为成都漕幕，葬龙游（今四川乐山），因家焉。"故有宋以来文献多承袭此说，言其籍贯为永静军，或云东光。然据题记中称"东平刘甲"，故更应信其为东平（今山东东平）人。又比如宋代《谢兴甫等题名》中记载的谢兴甫，字起□，长沙人，文行华美，气质粹和，谨重好修，学术甚正，以殿试第五名及第，授从事郎全州州学教授。《后乐集》存有《奏举萧遵施桐姜注谢孙复谢兴甫郄梦祥乞加录用状》[10]，据明人杨士奇《历代名臣奏议》载其于绍定二年（1229 年）任涪州太守，著有《中庸大学讲义》三卷，《宋史·艺文志》有其文名。但《涪陵县续修涪州志》误将其名录作"谢兴"[11]，并俱将谢兴甫之事迹附后。此外，关于《黄寿石鱼诗》之作者黄寿，乾隆《涪州志》载"黄寿，进士，江西南城人，万历间任（涪州守）"[12]，然万历间据此诗所镌之年，也就是正德五年（1510 年），已经有五六十年之久，故据题刻时间推断，乾隆《涪州志》所载黄寿任官涪州的史料定有讹误之处。

有关涪州历史沿革的记载，史传虽屡有记载，但据题刻所记能更为准确地发现涪州政区地理的变化关系。例如据《舆地纪胜》，黔州，唐末升武泰军，"天复三年王建以王宗本为武泰留后。武泰军旧治黔州，宗本以其地多瘴疠，请徙治涪州，建许之。皇朝因之不改，至太宗朝复归黔州置理所"[13]。又，据该书载，黔州历黔中、黔南郡名，辖彭水、黔江二县。然今据《申状题记》所见官称及人物关系，黔南之设于宋初当非郡名，涪州所辖仍属黔州，黔南则或为路分之名，《申状题记》所谓"黔南诸官"的说法也即本于此。

对于宋末元初的政治人物和政治活动，题刻记载可以补传世史料之不足。宋代史料一个重要的特点就是详北宋而略南宋，而就南宋一代而言，宋末史料尤其缺乏。白鹤梁题刻则恰恰集中于宋代，且尤以南宋题刻为多，因此对于宋末史事，多可据题刻补充。比如蹇材望，《宋史》言其曾为湖州通判，宋末守湖州，自言必与州城共存亡，并于大锡牌上镌写"大宋忠臣蹇材望"等字以告诸将士，然当元军攻城时，其则"先一日出城迎拜"，为当时士论所不齿。宋元史书有关蹇材望的记述大抵仅及此事。然通过白鹤梁题刻，我们可以看出，蹇材望在湖州之前曾官涪州别驾，其籍贯为蜀内潼川。白鹤梁题刻中另留有其诗作一篇："何代潜鳞翠琰镌，双双依藻更依莲。梦符瑞报屡丰兆，物盛鱼丽美万物。盛多宜歌大有年，玉镯调和从可卜。金刀题咏又开先，浑如泼刺波心跃。感召还知太守贤，粤明年人日重游。"从这首题刻诗作中亦足以看出蹇材望的两面性格。

二、扩大峡江地区古史研究的领域

正如前文所言，白鹤梁题刻群所在的峡江地区，自古经济、文化较为落后，传世典册记载稀疏，故以往有关峡江历史的研究主要集中于先秦历史的考辨、传统的金石文字整理以及地方文献的爬梳等方面。而以白鹤梁题刻为代表的峡江地区题刻群，则在考史补史的同时，无形中扩大了峡江古史研究的领域，具体如以下几个方面。

在地方政治史研究方面。如宋史研究专家包伟民言："'目光向下'是近年来中外史学界的共同取向，不过就中国中世史领域而言，困难也是显而易见的，缺少出土文书支持的宋代史领域尤其如此。这里不可能有任何灵丹妙药，出路无非仍在于一如既往的两个方面：更全面、更深入地搜寻历史记载；更犀利、更灵活地解读历史信息。"[14]包伟民教授的论断，在峡江地区地方政治史研究方面表现得尤其明显。长期以来，峡江地方政治史研究领域因未见有重大新史料发现而略显沉闷，白鹤梁题刻所存史料则为此研究领域提供了可资拓展的余地。如题刻所见题名人书写习惯，多以籍贯、乡里、人名等构成，通过逐一检视这些信息，即可大致梳理出宋代以后以涪州为中心的峡江一带乡一村制，或乡一都、乡一里制的基本特征。再如白鹤梁题刻者多为地方士绅及流寓官员，题刻中存留了大量题刻者的官职、官称。以《庞恭孙等题名》为例，其词云："大宋大观元年正月壬辰，水下鱼下七尺，是岁夏秋，果大稔，如广德、大和所纪云。二年正月壬戌，朝奉大夫、知涪州军州事庞恭孙记。左班殿直、兵马监押王正卿，将仕郎、州学教授李贲，通仕郎、录事参军杜咸宁，通仕郎、涪陵县令权签判张永年，将仕郎、司理参军黄希说，将仕郎、涪陵县主簿向修，将仕郎、涪陵县尉胡施。进士韩翱书。"这段题刻文字所见涪州地方官称有知涪州军州事、兵马监押、州学教授、录事参军、涪陵县令、司理参军、涪陵县主簿、涪陵县尉等，特别是其中明列各职位所对应的散官官阶名，使得今天的研究者对于峡江地区宋以后基层职官体系的设置有了更为明确的认识。

在水文史研究方面。白鹤梁题刻作为峡江地区一处重要的枯水题刻，与水文相关的题刻有一百多段，多以石鱼为水标来描述江水高低，题刻几乎都是围绕着石鱼而逐渐形成的。一般认为，白鹤梁题刻主要记载了该地区七十二个历史枯水年份的水文记录。对白鹤梁水文史的研究始于 1962 年，但是应该说这一研究领域直至 20 世纪 90 年代中期以后才逐渐掀起研究的热潮，这以后一大批相关研究成果得以问世。目前普遍认为白鹤梁首次以刻石形式记载枯水年份是在唐广德元年，亦即公元 763 年。据考，该年题记"江水退，石鱼出，见下去水四□尺"，这一水位记载，换算成当今吴淞高程为 137.54 米。就题刻分布来看，明代以前的题刻，多刻在石鱼水标附近；清代以后的题刻，因石鱼周围已无空隙，分布在石梁上端，向左右发展。题刻文字内容多以石鱼为标准，并记当年石鱼出水情况。由于石鱼位置固定，高低相当于黄海吴淞基准面 138.5 米，并且和现长江的枯水水位零点高相同，可以根据题记所载石鱼离水高度推测出长江枯水水位千年以上的数据，具有很高的科学价值，故至今对于白鹤梁题刻水位的研究也越来越受到研究者的关注，而一些研究成果已经在三峡工程建设中发挥了一定的作用。

在人物研究方面。白鹤梁题刻出现题名人数量甚多。考明这些题名人的生平行实，必将有助于石鱼文字的正确解读，促进相关研究的进一步深入，甚或开拓出新的学术领域。然正如光绪三年（1877年）钱保塘为《涪州石鱼文字所见录》一书所作跋语中所说的那样，惜乎自唐迄今，时逾千载；题名人中又多偏处一方之士，“史有传者”“史无传而书行世者”以及“间有见于他书可考者”究属少数，往往“十不得二三”。因此，当前对于题刻人物的研究逐渐成为白鹤梁题刻研究的重要选题之一。先后有《白鹤梁石刻题名人考按一百二十二则》以及《白鹤梁石刻题名人考按六十六则》等专题研究成果问世。而清人所著《八琼室金石补正》《涪州石鱼文字所见录》《涪州石鱼题名记》等著作中，对于题刻人名的考证也实占各书大部分篇幅。仅就目前对于题刻人物研究所取得的成果来看，通过考证人物生平及事迹，不但有助于我们勾勒出宋以后峡江文人群体的基本轮廓，同时对于解读峡江区域人才的分布以及峡江文化发展状况的实证研究也不无帮助。

在诗文研究方面。白鹤梁题刻一个显著的特点就是诗文题刻众多，自唐代至民国一千多年的历史时期内，题刻区镌刻了数十首文人诗词。其中有载于诸文典者，比如刘忠顺石鱼诗：“七十二鳞波底镌，一衔蓂草一衔莲。出来非其贪芳饵，奏去因同报稔年。方客远书徒自得，牧人嘉梦合相先。前知上瑞宜频见，帝念民饥刺史贤。”此诗即见收录于宋人王象之《舆地纪胜》一书。又比如王士祯石鱼诗云：“涪陵水落见双鱼，北望乡园万里余。三十六鳞空自好，乘潮不寄一封书。”该诗在《蜀都碎事》《渔洋诗话》《笑笑录》等中都有收录。然而相对于以上诗词作品，石梁所镌诗词中，大多数仍仅靠题刻传世。比如曾为尚书屯田员外郎、知梁山军的水丘无逸所作《谨次韵和转运郎中留题涪江双鱼之什》一诗：“谁将江石作鱼镌，奋鬣扬鬐似戏莲。今报丰登当此日，昔模形状自何季。雪因呈瑞争高下，星以分宫较后先。八使经财念康阜，寄诗褒激守臣贤。”此诗为水丘氏依刘忠顺诗韵所作和诗，但宋元典籍中仅见刘忠顺诗，却不曾收录此诗。又比如，清代乾隆时期的涪州知州罗克昌题诗：“古涪江心卧石梁，梁上凿鱼鱼徜徉。岂是王余留半面，非同沙内曳红裳。三十六鳞形质全，闻说在昔唐人镌。此石成鱼鱼赖水，胡为失水偏有年。鸣呼噫嘻知之矣，纪闻纪见俱至理。白鱼入舟周载祥，圣嗣钟灵独梦鲤。讲堂鹳鹤集三鳣，公卿象服说非俚。太人占之曰维丰，此事更与瑞麟通。独繭苣钩强不起，石文潛见悉天工。我来涪陵鱼常出，岁岁仓箱盈百室。今兹休暇复往观，鱼高水面空匼窟。额手称庆告农夫，及时举耔莫荒芜。圣朝仁爱天心见，人事承庥切自图。主伯亚旅勤胼胝，三时不懈冻馁无。纯孝裂水双鲤跃，类推集祉在中孚。我将去矣无多嘱，愿尔群黎共惇笃。作善降祥鱼效灵，江石千年兆人足。”此诗完整、形象地勾勒出白鹤梁题刻的前世今生，以及涪州官民对“石鱼出水兆岁丰”这一流传千载的民俗信仰的认识，简直可以称得上是一首非常具有学术研究价值的叙事诗。然此诗亦不见于罗克昌本人文集，清人诗文总集中也未见有收录此诗，故题记所镌，应当是此诗现存唯一的版本，价值自然是不言自明的。

在风俗研究方面。一般认为，风俗习惯的内涵决定了它宽广的外延。具体表现在一个地区的衣、食、住、行、婚、丧、诞、娱等方方面面，而各种礼仪场合又是风俗习惯最集中的表现。涪州所在的峡江一带，自古以来受限于自然环境，因此在社会风俗上也就形成了一些有别于域外的特点，而这在地方信仰上表现得尤其突出。成书于清末民初的《涪乘启新》一书就记载说，涪州一带“民质直好义，士风敦厚，有先民之遗。晋孝武后五教雍和秀茂挺逸朝有忠贞之臣，野有歌咏之音乐。其见于常璩《华阳国志》者如此，惟南境山川险恶，其人民铁陋少文学，性质憨勇，县邑阿党，斗讼必死，盖地气迫不得舒，瘠土之民所禀受亦差异云”[15]。以上特质在具体的信仰层面上表现为巫风盛行、谣讹易起。今仅从《戴良□题记》《晏瑛诗并序》《李宽观石鱼记》《联句和黄寿诗》等明清题刻内容中就能很清晰地看出这种信仰的存在。至于出现这种情况的原因，借用清人贺守典的分析则是“盖沿苗俗之遗也，巫为之教与崇为缘，故为神怪妄谈休咎”[16]。除以上所列，白鹤梁其他一些题刻中还有很多关于风俗的记述点值得研究者做进一步的挖掘，当然若将这一议题进一步发散，如从峡江现存题刻整理研究的视角来探讨本地区风俗情况，相信还将有更为全面的认知与收获。

在题刻文化研究方面。峡江两岸特别是三峡库区涪陵、云阳、巴东、秭归等地沿线摩崖石刻、碑刻、题记等数量众多。就镌刻时代而言，自上古至于明清，乃至民国，不一而足。就内容而言，涉及长江洪枯水、治理航道、提示滩险、镇江佑安，以及筑路、捐献、义渡等的内容被铭记下来。这些石刻题记和长江两岸众多的古代文化遗址、古墓葬、古城址共同构筑了峡江文化的历史篇章。白鹤梁题刻作为此地区重要枯水题刻之一，就其题刻本身而言，鲜明地表现出了这一系列峡江题刻的共性特征。故通过对白鹤梁题刻的研究，足以对本地区题刻文化有所探查。如曾超研究认为白鹤梁题刻文化中包含有明显的天命思想[17]。在《贾思诚题记》中就有所谓“天或垂悯”之语，而《何耀萱题记》中则有“天心仁爱，示兆于石”的说法。纵观各代题记，无不将“石鱼出水兆丰年”的故语看作是天命赐福的直接结果。同样的思想，除白鹤梁题刻以外，在龙脊石题刻、莲花石题刻以及巴东和宜昌诸摩崖题刻中也多能见到。

三、为创新区域社会研究方法提供了个案

白鹤梁题刻前后跨度达到一千多年，作为峡江地区特有枯水题刻的代表，是沿江地区特有的一种题刻形式。它的形式、内容和价值，决定了它富有旺盛的生命力，以至历千年而不衰，这是全国其他地区现存题记题刻无法比拟的。所以有学者称白鹤梁题刻已经“成为全世界文化史中的一块特有瑰宝”，此话表述十分确当。因为白鹤梁题刻是记载峡江地区历史文化的一部活教材，它包含了本地区的政治、经济、文化、物产和社会风俗等方面的综合性的资料。因此，它完全可以成为研究峡江区域历史、区域文化不可缺少的重要资料宝库，同时也为相关研究的展开提供了绝佳的研究个案。

白鹤梁题刻之所以可以成为峡江地区区域社会研究的范本，原因自然是多方面的。其中有一个很重要的因素，那就是以白鹤梁题刻为代表的题刻材料是峡江区域社会研究的重要史料来源之一，与之相衔接，峡江地区地处长江上中游，地理相同，人文相近，风俗相接。局部地区文化在某些层面虽有其特殊性，也仅是细枝末节而已，从大局来看，该地区一直沿袭着同样的小传统。

目前学术界对于峡江题刻的研究尚且处于拓荒阶段，除白鹤梁题刻研究成果相对较为丰富外，诸如江津莲花石、云阳龙脊石等题刻群尚未见有系统的整理成果问世，遑论精深研究了。综合梳理目前有关白鹤梁题刻研究的成果，就所用研究方法而言，已经初步形成多学科研究手段并用，跨学科研究成果逐渐涌现的局面。当然利用最多的仍属传统历史学实证研究的方法。比如，对于白鹤梁题刻研究用力甚勤的学者曾超先生诸文就多为实证研究。在《元明清白鹤梁题刻涪州牧考述》一文中，曾氏利用白鹤梁题刻线索，结合地方史志文献，详细考证了元、明、清以来涪州一地州牧长官，计元代咬寻进义、张八歹等 2 人，明代刘冲霄、雷穀等 6 人，清代萧星拱、朱羽等 7 人，并考补勾勒了诸人的生平事迹。而在《三峡库区白鹤梁题刻的姓族考察》一文中，则考证出白鹤梁题刻共涉及赵、贾、濮、高、朱、文等不同地域的姓氏 48 个，共 129 人，并借此归纳总结了白鹤梁族姓研究方面的价值。

总体而言，目前白鹤梁题刻研究中，多学科研究手段的运用主要表现在以下几个方面：

（一）史学研究手段与社会学研究方法的结合

史学与社会学的起源不同，演变各异，但是两者的对象则相同——都以人作为研究的对象。研究两门学科的学者，在过去往往互相轻视，原本应该携手合作的伙伴，变成了猜忌的敌手。此外，社会学者将只在一时一地收集的资料，轻易地用来推论一般性的结论；而史学工作者也往往自囿于小圈子的工作，忽略了可以从比较研究中获得的丰硕结果。社会学者常不能避免错用因果律的毛病；史学工作者又往往不愿借助于其他学科已经建立的理论，反而沾沾自喜地依赖直觉。于是，本可以珠联璧合的学科，在各自分道扬镳的局面下，不免遭受离之两伤的命运。

令人欣喜的是，目前在白鹤梁题刻研究领域，一些成果已经有意试图打通二者之间的学科壁垒，认为白鹤梁史学研究与基于社会学视角下的考察之间实在只有课题的不同，而未尝有基本立场或方法的不同。反过来说，两者应当辅车相依，社会学知识可以提供白鹤梁史学研究的学理观念，而史学研究则可以提供社会学研究的文献基础与原始资料，以做比较研究之素材。此外，白鹤梁史学研究对题刻区域发展的了解，也有助于社会学角度的宏观讨论。而在已有成果中，周晏《民间符号语的历史记录——长江白鹤梁题刻管见》、冉毅《宗教与历史的积淀——白鹤梁“石鱼”形象初探》等文即已有此类尝试与探索，所得结论无疑树立了以白鹤梁题刻为代表的峡江水文题刻研究的新范式。

（二）心理学研究在题刻研究中的运用

峡江题刻数量众多，时间跨度之大，在世界题刻史上虽非独有，但所处地位无疑是非常重要的。有关题刻心理学方面的研究，早在 20 世纪七八十年代，西方学术界即已经开始有所涉及。比如法国学者让-皮埃尔·维尔南（Jean-pierre Vernant）曾在其著作《希腊人的神话和思想——历史心理分析研究》[18]中，就利用古希腊镌刻语言对历史信息进行分析，这种研究方法的利用，使得对“不可见物的现世化”的研究有了质的突破，同时镌刻语言的心理解读也使得“希腊人的整个心理活动和心理机能表象：时空背景、记忆、想象、个人、意志、象征手法和象征符号的运用、推理方法、思维范畴”等得以更好地表达出来，从而拓宽了学界对这一问题研究的尺度。与之相对，在国内相关研究却一直付之阙如，在白鹤梁研究领域目前的成果中，黄秀陵《涪陵白鹤梁唐代石鱼与周易文化》[19]一文或粗涉此命题，但亦失之于浅，作者虽然有心理分析方法的利用，但是研究的重点仍在历史背景、地理环境、石鱼图像本身的分析，且对白鹤梁题刻中的唐代石鱼刻石与传统《周易》学说的关系分析，亦非以镌刻者创作心理分析为旨归。客观地说，“心理与历史”既是一个老问题，又是一个新课题。说它“老”，因为它是千百年来一直为人们所热衷讨论的问题；说它“新”，是因为在史学界长期回避这一问题，对此缺乏正面、系统的阐述。正因为存在上述诸种情况，以白鹤梁题刻为代表的峡江题刻作为一种遗存性史料，完全有可能在题刻研究领域开垦出一块新苗圃，在传统研究方法之外引申出一种全新的分析模式。当然，这里所谓的心理学手段的运用，也绝对不是历史学与心理学的简单嫁接，而是糅合二者之长，为题刻研究开启一扇新的思维门窗。

（三）统计分析方法的利用

统计学是研究如何测定、收集、处理、分析、解释数据并从数据中得出结论的方法论科学。作为一种学术研究领域的舶来品，在中国传统的学术研究领域内对统计学利用甚少。然而近年来，随着越来越强的学术研究综合性发展的趋势，统计学逐渐开始在传统史学研究领域深耕厚植，催生出了一系列利用该学科方法撰就的学术著作或科研论文，而与之相依相存的计量史学已经成为现代史学研究的重要学术领域。应当说，统计分析方法目前在史学研究领域的利用已经相对较为成熟，因此，在这种研究背景之下，有关峡江题刻的研究，如能引入统计分析的方法，通过对题刻进行量化统计，取得反映客观现象的数据，并通过图表的形式对所收集的数据进行加工处理和显示，进而通过综合、概括与分析得出反映峡江题刻客观现象的规律性数量特征，应非难事。然而纵观目前峡江题刻研究的现状，这种研究的方法仍较少被利用。在学术成果相对较为集中的白鹤梁题刻研究领域，仅见熊达成于20世纪80年代撰写的《从涪陵白鸽（鹤）梁石鱼题刻看四川省的水旱灾害》，虽然该文部分内容涉及统计方法的应用，但客观地说，其距成熟的统计分析研究成果距离尚远。而在其后几十年间的相关成果中，即或稍有涉及此研究方法之著作亦少之又少。故毫不夸张地说，如以白鹤梁题刻研究为突破，今后的峡江题刻研究中，统计分析方法的利用应当是相关研究持续出新出彩的亮点所在。

（四）自然科学研究手段的引入

白鹤梁题刻作为峡江地区一处最为著名的枯水题刻群，随着三峡工程的上马、水下博物馆的建立，与工程建设相伴，一大批与题刻紧密相关的自然科学研究成果得以问世，如杨宝衡《涪陵白鹤梁的形成、发展与保护》[20]认为白鹤梁题刻保护应从地质学的角度，依其地质结构，对白鹤梁的形成条件、砂岩的解体和发展趋势进行分析。又如张绪进《三峡库区涪陵河段泥沙淤积及对白鹤梁题刻影响的研究》[21]一文，在模型试验成果的基础上，研究分析了三峡水库运行30年过程中白鹤梁所在河段的泥沙冲淤特征及河床演变规律，为白鹤梁题刻的保护方案提供了科学依据。再如黄真理《白鹤梁题刻保护问题及其与水域环境的关系》[22]一文，在简单介绍和评价白鹤梁题刻现有保护方案的基础上，探讨了白鹤梁题刻及其与水域环境的相互关系，并提出在进行白鹤梁题刻保护时，除应注意保护白鹤梁题刻本身，还应恢复白鹤梁题刻赖以生存的水域环境及其所形成的独特的人文景观。此外，诸如刘忠铭等《涪陵白鹤梁题刻原址保护参观廊道设计综述》[23]、周建军《关于涪陵白鹤梁题刻保护工程的可靠性研究和建议》[24]、胡长华等《白鹤梁题刻水下保护工程安全监测系统设计研究》[25]、汪耀奉《长江涪陵白鹤梁题刻在科学文化领域中的应用》[26]、《长江涪陵白鹤梁历史枯水题刻研究应用》[27]等文，也分别从建筑学、地质学、信息技术、水文学等学科的研究视野出发，对白鹤梁题刻的保护提出了具体操作方案。可以说，目前白鹤梁题刻研究中，自然科学方法的引入和自然科学研究成果的成规模出现是该项研究的一大特征。相对于白鹤梁，峡江地区其他各类题刻的研究虽亦有成果问世，比如《长江三峡工程文物保护项目报告·丙种第二号·三峡湖北段沿江石刻》一书即收录有秭归、宜昌、恩施等地题刻的水文调查结论，但客观地说，成果仍略显单薄，且研究的深度及广度与白鹤梁题刻相比均相差较远。因此，以白鹤梁题刻研究为范本，利用自然科学的诸种手段，更或是以自然科学的视角，结合传统史学方法的解读，对峡江题刻进行科学且有针对性的研究，仍是今后研究的重要方向。

四、结语

以上所列仅限笔者目光所及，而在上述论述之外，白鹤梁题刻之于峡江古史研究的价值无疑仍有较大的延展空间。本文之所以不畏繁琐，列举白鹤梁题刻研究之意义，并详述其与峡江古史研究的关系，主要有以下考虑：相对于峡江地区其他题刻群研究的没落寂寥，白鹤梁题刻研究真可谓方兴未艾、异彩纷呈。在多种因素的作用下，目前白鹤梁题刻研究几成峡江地区一门显学，各种研究的方法与研究的手段多融汇其中，产生成果数量之庞大，内容涉及之广博，不但在峡江题刻研究领域无一能及，即或是在全国相关研究领域内，也应是独树一帜的。而与此同时，峡江题刻一个重要的特征则是同质化现象非常严重，不但不同地域单体题刻很可能成于一人或几人之手，而且题刻内容也多大同小异，因此，如以白鹤梁题刻现有研究的方式与方法嫁接于峡江地区其他各类型题刻研究中去，无疑会产生一些意想不到的效果，成果之丰富自然指日可待了。

总之，本文主要探讨的是白鹤梁题刻与峡江区域古史研究在材料利用、议题发掘以及方法论等层面的关系，对于题刻研究关注的诸要素及其对区域研究的作用，提出了初步的解答。至于题刻本身对于此项研究的贡献程度以及所得结论的适用范围，则仍需在具体议题研究中加以检视。目前，题刻受到重视，研究逐渐增多，如何反省既有的研究方法和取径，得到较合乎实际，也较能为人所接受的结论，是一项还待努力的工作。而在大的题刻范围内，题记、摩崖、刻画甚至造像，在镌刻过程中，工匠、主题人、地域习惯和流行风气等因素所起的作用，以及题记和时代文化思想之间的关系，如何在题刻文献传统之外，为峡江地区史学研究勾勒出其存在、延续与转变的样貌，这些都是有待我们进一步考察的课题，本文不过是借白鹤梁题刻研究的状况叙述与展开，做一些与上述课题相关的铺陈，至于专题研究，尚有待另文具述。

参考文献：

[1]重庆市文物局，重庆市移民局. 涪陵白鹤梁[M]. 北京：文物出版社，2014：9.

[2]高文，高成刚. 四川历代碑刻[M]. 成都：四川大学出版社，1990.

[3]长江水利委员会宣传出版中心. 长江志[M]. 北京：中国大百科全书出版社，2007.

[4]高远《白鹤梁题刻与宋史研究》、孙华《白鹤梁题刻的历史与价值》等文对题刻史学价值有所分析，但二文论述范围与言说对象则与本文不同。

[5]李吉甫. 元和郡县志[M]. 北京：中华书局，1983.

[6]乐史. 太平寰宇记[M]. 北京：中华书局，2007.

[7]王象之. 舆地纪胜[M]. 成都：四川大学出版社，2005.

[8]欧阳修. 欧阳文忠公文集[M]. 北京：商务印书馆，1922.

[9]施纪云. 涪陵县续修涪州志[M]. 成都：巴蜀书社，1992：247.

[10]卫泾. 后乐集[M]. 台北：台湾商务印书馆，1986：2447.

[11]施继云. 涪陵县续修涪州志[M]. 台北：台湾学生书局，1971.

[12]多泽厚，陈于宣.（乾隆）涪州志[M]. 成都：巴蜀书社，2016.

[13]王象之. 舆地纪胜[M]. 北京：中华书局，1992.

[14]包伟民. "地方政治史"研究杂想[J]. 国际社会科学杂志（中文版），2009(3)：153-156.

[15]贺守典，熊鸿漠. 涪乘启新[M]. 成都：巴蜀书社，2009：419.

[16]贺守典，熊鸿漠. 涪乘启新[M]. 成都：巴蜀书社，2009：429.

[17]曾超. 三峡国宝研究：白鹤梁题刻汇录与考索[M]. 北京：中国文史出版社，2005：332.

[18]让-皮埃尔·维尔南（Jean-pierre Vernant）. 希腊人的神话和思想——历史心理分析研究[M]. 黄艳红，译. 北京：中国人民大学出版社，2007.

[19]黄秀陵. 涪陵白鹤梁唐代石鱼与周易文化[J]. 四川文物，2004(2)：60-64.

[20]杨宝衡. 涪陵白鹤梁的形成、发展与保护[J]. 人民长江，1998(3)：22-24.

[21]张绪进. 三峡库区涪陵河段泥沙淤积及对白鹤梁题刻影响的研究[C]//中国水力发电工程学会水文泥沙专业委员会. 中国水力发电工程学会水文泥沙专业委员会第四届学术讨论会论文集. 中国水力发电工程学会，2003.

[22]黄真理. 白鹤梁题刻保护问题及其与水域环境的关系[J]. 文物保护与考古科学，2001(1)：8-14.

[23]刘忠铭，仪彤. 涪陵白鹤梁题刻原址保护参观廊道设计综述[J]. 人民长江，2011(23)：47-50.

[24]周建军. 关于涪陵白鹤梁题刻保护工程的可靠性研究和建议[J]. 科技导报，2003(4)：35-36.

[25]胡长华，魏尚信. 白鹤梁题刻水下保护工程安全监测系统设计研究[J]. 长江工程职业技术学院学报，2006(4)：5-7.

[26]汪耀奉. 长江涪陵白鹤梁题刻在科学文化领域中的应用[J]. 四川水利，1998(6)：50-53.

[27]汪耀奉. 长江涪陵白鹤梁历史枯水题刻研究应用[J]. 水文，1999(2)：39-43.

（作者为重庆中国三峡博物馆三峡文化研究所所长、博士、研究馆员）

巴人信仰与“石鱼出水”水文题刻研究

魏晓明

涪陵城北有一块巨大的天然石梁，因“石鱼出水”被载入史册。当地千百年来传诵着“江水退，石鱼见，即年丰稔”，即石鱼出水具有昭示来年丰收的神奇功能，更为人称奇的是经过现代水利科技工作者的测算，石鱼鱼眼的位置就是历年涪陵枯水水位的平均值。这一神奇的现象发生于巴人聚居地，笔者以为与巴人远古时期的图腾崇拜，尤其是傍水而居的一支巴人所信仰的鱼崇拜，有着深厚的文化渊源。

一、“石鱼出水”

载有“石鱼出水”的石梁，名曰白鹤梁，位于涪陵城北的长江干流中，全长1 600余米，宽约15米，夏秋之际没于水中，冬春偶有露出。梁上雕刻石鱼14尾，现存历代题刻175则[1]，1万余字。题刻以宋代为最多，约有百段，元、明、清次之。题刻中频有出现“石鱼出水”可兆丰年，如“江水退，石鱼见，即年丰稔”[北宋开宝四年（971年）《谢昌瑜题记》]，“石鱼再出，来岁复稔”[北宋端拱元年（988年）《朱昂题记》]，“水大落，鱼出现，则时和岁丰”[南宋淳熙五年（1178年）《刘师文题记》]，“观鱼皆是愿丰人[南宋淳祐十年（1250年）《赵汝廪石鱼诗》]，“石鱼出则大稔”[元至顺癸酉（1333年）仲春十三日《张八歹木鱼记》]，“晴波浮石兆丰年”[明万历十七年（1589年）《罗奎诗》]，“涪江石鱼，镌于波底，现则岁丰”[清康熙二十四年（1685年）肖星拱《重镌双鱼记》]，“江心石鱼报出，土人云：见则岁稔”[清康熙四十五年（1706年）《董维祺题记》]等。该段石梁上所题记内容主要围绕“石鱼出水”兆丰年这一现象展开，每当石鱼出现即为丰年的预兆。在历史文献当中亦有“石鱼出水”可兆丰年的记载，如《太平寰宇记·涪州·风俗》载：“开宝四年，黔南上言，江心有石鱼见。上有古记云：广德元年二月，大江水退，石鱼见。部民相传丰稔之兆。”

那么“石鱼出水”的题刻起于何时呢？

在白鹤梁题刻中最早记载“石鱼出水”的是宋开宝四年（971年）谢昌瑜等的题记：“大江中心石梁上，（缺字）古记，及水标，有所镌石鱼两枚，古纪云：唐广德（缺字）春二月岁次甲辰，江水退，石鱼出见，下去水四尺，问古（故）老，咸云：江水退，石鱼见，即年丰稔。时刺史（缺）州团练史郑令珪记。自唐广德元年甲辰岁，至开宝四年，岁次辛卯朔十日丙（缺）余年，今又复见者。览此申报。”

虽题刻日久，部分字迹漫漶不清，所记尚可辨识，为我们提供了以下几个方面的资料：

其一，有记载石鱼出现的时间至迟在唐广德二年（764 年）。题刻中“唐广德（缺字）春”，因少字而辨不清具体年份。学界曾以《太平寰宇记》等文献中记载黔南申状事为广德元年，推论题刻下文“唐广德元年甲辰岁”为“癸卯”误写，记载的应是广德元年（763 年）春的信息。董其祥先生将白鹤梁广德年题刻与朝天门灵石唐广德二年《郭英干灵石碑》进行对比，认为唐广德题刻为广德二年[2]。白鹤梁题刻与朝天门灵石枯水题刻同为长江上游水文题刻，枯水年份的测算应在同一年，白鹤梁广德年题刻应为唐广德二年无疑。

其二，“石鱼见，即年丰稔”的传说早于唐广德二年。“石鱼出水”用以预示丰收年景的传说来自“古（故）老”口中，应早已在民间流传，至团练史郑令珪才有所记述。

其三，据“江水退，石鱼出见，下去水四尺”可知，石鱼在唐广德二年已经具有水标尺的功能。关于石鱼作为水标尺的记录，在其后的题刻中不断出现，由唐至今未曾中断，因此，被认为是 1 200 多年来的一座长江三峡水文记录宝库。

清肖星拱《重镌双鱼记》中不但载有“石鱼出水”则岁丰的千百年盛事，而且清晰地记录了康熙年重镌石鱼的经过：“康熙乙丑（1685 年）春五水落而鱼复出。望前二日，偕同人往观之，仿佛双鱼蓂莲隐跃。盖因岁久剥落，形质模糊，几不可问，遂命石工刻而新之，俾不至淹没无传，且以望丰享之永兆云尔。”这两尾石鱼一衔莲花，一衔灵芝，首尾相随，溯江西上。两鱼背后隐约藏有一条石鱼，应为肖星拱所见唐鱼。依据 20 世纪 70 年代长江流域规划办公室重庆水文站实测，这对石鱼眼睛的海拔高度为 137.91 米，与现今涪陵零点水位标尺极为接近，让今人惊呼石鱼为神鱼。

有学者就水标尺对于次年降水及农作物环境的影响进行了调查研究[3]，结果发现枯水期水标（即石鱼所在位置）可以预见次年的农业丰歉情况。但是，今人观测到的结果如何成为古人判断的标准？如果只是作为水标尺，为什么要专门雕刻成鱼形？枯水期水标的存在是人们对自然界长期观察得出的结论，在未揭示其科学的指导意义之前，“石鱼出水”即已成为人们的一种美好寄托，以鱼为水标显然有着更为深远的含义。

二、“巴”的来历与图腾崇拜

石鱼所出的涪陵，世为巴地。“巴”如何而来呢？许慎《说文解字》说：“巴，虫也。或曰：食象蛇。”[4]《山海经》亦有“巴蛇吞象”的记载，此为“巴蛇说”。其后司马贞在作《史记索隐》时指出，巴为“芭苴”之称，“或巴人、巴郡，本因芭苴得名，所以其字遂以苴为巴也”，芭苴，即巴茅草，是四川一带对茅草的称呼，此为“茅草说”。唐李吉甫在《元和郡县志》中又有：“（渝州）《禹贡》梁州之城，古之巴国也。阆、白二水东南流，曲折如‘巴’字，故谓之巴。”此为“地形说”[5]。“巴”的来源虽众说不一，但每一种都暗含寓意，与巴人生活所处的自然万物息息相通。

“巴方”初见于殷妇好墓葬出土的甲骨卜辞。约在夏前 300 年，巴人部落在鄂西清江流域逐渐形成，其后不断迁徙，至公元前 316 年为秦所灭。在这 3 000 余年间，巴人的活动范围主要在鄂西、三峡、渝东、汉水中游、江汉平原、两湖平原和贵州乌江流域一带，虽然范围时有变化，但是不变的是他们的生活环境始终在温暖湿润的南方和以三峡为主的江河湖泊地区。正是巴人赖以生存的自然环境衍生出了巴人的图腾崇拜。

《山海经·海内经》云："西南有巴国。太葜生咸鸟，咸鸟生乘厘，乘厘生后照，后照是始为巴人。""太葜生咸鸟"的说法应是巴人图腾崇拜的较早时期，其后从崇龙蛇、崇鱼鳖与鹰到崇白虎，各说皆有依据，其中巴人崇龙蛇、崇白虎在考古资料中已发现图腾模样。伏羲在《帝王世纪》《列子·黄帝篇》《淮南·说林训》中都是人首蛇身，在湖北省利川市境内鱼木寨的一座古墓中发现的古代巴人崇拜龙蛇的浮雕图案即是例证。巴人的后裔土家族至今仍信仰龙，而蛇正是龙的化身。在今天的土家族习俗中，如果有蛇进到屋内，便被认为是祖先回家看望子孙，绝对不能乱说，更不能打，只能烧香焚纸，以祭祀的仪式将其送走；女人们还把蛇的图案绣在帐帘、背带或小孩帽子上，表示崇敬之情，以求得保佑。

《后汉书·南蛮西南夷列传》载："巴郡南郡蛮，本有五姓：巴氏、樊氏、日覃氏、相氏、郑氏。皆出于武落钟离山（今湖北长阳县一带）。其山有赤黑二穴，巴氏之子生于赤穴，四姓之子皆生黑穴，未有君长，俱事鬼神。乃共掷剑于石穴，约能中者奉以为君。巴氏子务相乃独中之，众皆叹。又令各乘土船，约能浮者当以为君，余姓悉沉，惟务相独浮。因共立之，是为廪君。"巴人认为首领廪君死后，他的魂魄会化为白虎，也就是说，巴人与白虎之间存在一种特殊的亲缘关系。在已发现的巴地出土青铜兵器中，虎的图案是最多、最重要的纹饰，甚至是青铜戈上的唯一图案。这是因为他们以白虎为祖先图腾，他们相信用其威猛的形象装饰在兵器上，既可以威慑敌人，又可以将它的力量和勇猛带给自己。

其中一支名为巴人鱼凫的部落，他们以渔猎为主要经济来源，以鱼为图腾，在蜀地建立了鱼凫王朝。这一支崇鱼的巴人，虽然没有在考古资料中找到明确的图腾崇拜符号，但是却在墓葬中发现了大量的鱼骨，甚至有人鱼合葬现象，颇耐人寻味。

考古资料证明在川东、鄂西地区发现的早期巴人遗址多密集分布在长江沿岸的小台地上，这支巴人沿水而居，以捕鱼为主要的生活来源。在巫山大溪遗址、三峡秭归、柳林溪、龚家大沟遗址等遗址中都有大量的鱼骨出现，甚至还发现有鱼骨坑和单独的鱼骨地层，如在中堡岛遗址中，不但有单独的鱼骨层，在其中一个探方内还发现了一条完整的鱼骨遗骸，长 1 米有余[6]。同时，在巫山大溪遗址中则发现了专门用鱼作为随葬的墓葬，如巫山大溪遗址第 153 号墓葬随葬品 3 件，鱼 2 件，置于死者左右臂下；第 138 号墓葬随葬品 17 件，鱼 7 件，一条置于死者头下，一条置于左肩处，两条置于左手，三条置于右小腿[7]。这些墓葬中，不但以鱼为主要随葬品之一，甚至把鱼作为通神的灵物，如大溪遗址第 3 号墓葬，在墓主胸腹部位两侧各放有一条大鱼，鱼头北向，而尾骨置于死者口腔之中[8]。这种在大溪遗址中鱼随葬的形制与余杭良渚墓葬中大量随葬玉器的形制有着相似之处[9]。古人有玉为通天理地的神器的说法，学界认为神人兽面纹为良渚人族徽。巫山大溪遗址中的鱼也极可能就是这支巴人的图腾崇拜物，乃至族徽。

三、“石鱼出水”与巴人崇鱼的内在联系

关于石鱼的由来，当地有一个传说：尔朱真人浮江而下，渔人有白石者举网得之，遂于梁前修炼，后乘白鹤仙去，故名（白鹤梁）。又说，修炼的二渔人化为两尾石鱼，即为白鹤梁石鱼标尺。普列汉诺夫曾说：“凡奉行图腾文化的原始民族，都相信人们的某一血缘联合体和动物的某一种类之间存在着血缘关系，并视这种动物为自己的祖先，认为本氏族就缘于此。”图腾崇拜是人类的远古自然崇拜和祖先崇拜相结合的一种原始宗教信仰。前文叙述巴人对鱼或为图腾崇拜，传说中将尔朱真人救起的两位渔夫与尔朱真人一同修炼后化成石鱼，这与原始图腾崇拜以崇拜物化为祖先异曲同工。

（一）巴人崇鱼与鱼司水神

巴人的鱼崇拜，不仅表现在人鱼同葬的墓葬形制上，在考古出土的器物中也可见其端倪。如在华容车轱山新石器时代遗址中发现有陶人雕塑像，双手抱持一条大鱼，人体轮廓分明，颈、胸、手各部位线条清晰，造型生动，形象逼真[10]。在江汉平原地区的天门邓家湾新石器时代末期遗址的地层中也曾出土有较多的陶塑人像，其中多见一种跪坐像。陶塑一般高10厘米，头戴浅圆帽，身穿长袍，细腰宽裾，耳鼻清晰，颈部修长，正面跪坐，两手于胸前横抱一条大鱼，神态庄重，似在祈祷。[11]这些双手持鱼祈祷的陶塑造型，说明鱼是被祈求的对象，或者是祈求对象的通灵之物。无独有偶，在长江三峡地区的宜昌杨家湾遗址中出土有近似鱼头的装饰，多出现于器物的口部。而在西安半坡仰韶文化遗址中出土的彩陶上，鱼纹表现出更为丰富的信息。出土的彩陶上绘有大量的鱼纹，兼具写实和抽象两种艺术风格。写实的鱼纹又可分为单体、双体、三体、四体，其中最突出的是人面鱼纹，大量鱼纹的出现尤其是人面与鱼纹的组合，生动地表现出了半坡人对鱼的推崇和神灵化。

文献中对于鱼司水神的记载进一步揭示了鱼的神灵形象。如《山海经·西次三经》载有：“泰器之山，观水出焉，西流注于流沙，是多文鳐鱼，状如鲤鱼，鱼身而鸟翼，苍文而白首，赤喙，常行西海，游于东海，以夜飞。其音如鸾鸡，其味酸甘，食之已狂，见则天下大穰。”文鳐鱼的出现，预示着天下大丰收，即这种鱼的出现能带来使农作物生长的充沛适量的雨水，使耕作者得到丰收。《山海经·东次四经》又有：“女巫之山，其上多草木，石膏出水焉，而西注于鬲水，其中多薄鱼，其状如鳣鱼而一目，其音如欧，见则天下大旱。”这种鱼神能决定天下的旱情。而另一种鱼神能决定洪涝，《山海经·西次四经》说：“邽山……蒙水出焉，南流注于洋水，其中多黄贝、蠃鱼，鱼身而鸟翼，音如鸳鸯，见则其邑大水。”蠃鱼的出现会带来过多的水，这里又表现了人们对鱼司水神的恐惧心理[12]。

如果说鱼崇拜是巴人对于赖以生存的环境中重要依赖物的原始信仰和崇拜，鱼司水神的神灵形象则进一步地将鱼与雨水的丰沛乃至农业年景的丰歉关联了起来。

（二）石鱼出水与丰年祈祷

在白鹤梁题记中，石鱼出水预示丰收年景是以一种美好夙愿来展示的。在现存白鹤梁题刻中，有69段题记与“石鱼出水兆丰年”有关，如“郡人每以鱼之出兆年之

丰，事既有验于古，可以卜今岁之稔无疑也。”[南宋庆元四年（1198 年）《徐嘉言题记》]。南宋淳祐十年（1250 年）赵汝廪所作的石鱼诗亦有云：“拂石已无题字处，观鱼皆是愿丰人。片云不为催诗墨，欲雨知予志在民。”

这些夙愿是如何实现的呢？题记有“涪人曰：一旬而三美具，此大有丰年之兆，而贤太守德化之所感也”[南宋乾道三年（1167 年）《赵彦球等题记》]等内容。地方官员的德政感化上天而有“石鱼出水”兆示丰年的记载，虽有吹捧之嫌，但也表明从官方到民间都认同德可以感天，通过石鱼显示风调雨顺的瑞兆。

不但有“石鱼出水”的吉兆，木鱼亦有吉祥的寓意。《张八歹木鱼记》载有：“涪陵志，江心石鱼出则大稔，予守郡次年始获见，率僚友来观，方拂石间，适有木鱼依柳条中流浮至，众惊喜曰：石鱼自古为祥，木鱼犹为异瑞也，请刻之以示将来云。”这时我们会发现，当鱼的出现是古人以为的瑞意的观念深入人心时，石鱼作为水标尺所承载的科学寓意——石鱼出水预示丰年出现的概率更高的科学预测性，反而被隐藏在其后了。

（三）崇鱼与信鱼

原始的图腾崇拜与大自然运转规律有着密不可分的关系。如在考古发现中已经找到许多关于太阳崇拜的例证，其中金沙遗址出土的“太阳神鸟”金饰就被认为是观象授时的经验总结。“太阳神鸟”的外层是四只逆向飞行的鸟，若每只鸟代表一个季节，四只神鸟就代表着春、夏、秋、冬四个季节；内层为十二道旋涡状光芒，则代表一年中的十二个月份。这说明古蜀人掌握了岁、时、月的概念及运行规律。

在远古巴人的鱼崇拜中，鱼带来的祥瑞充满了神秘色彩，实则包含了先人们对大自然观察入微而得出的自然规律。巴巫文化中，巫师盛行枚卜来预占吉凶祸福、富贵利达，俗称“打竹卦”。竹卦“两头半”，一阴一阳，统摄万象。《周易大传》云：“是故太极生两仪，两仪生四象，四象生八卦，八卦定吉凶，吉凶生大业。”在易学中，由两仪构成的太极图，就是用鱼来显示其阴阳属性的，因此，有“阴阳鱼|之称。在古代社会，人们通过观察鱼群的活动规律，揭示水温、水位、水流、水量的变化，进而展示和反映气温、降水、植被等的变化，预告来年庄稼收成的好坏。据不完全统计，新中国成立后，白鹤梁石鱼曾出现三次，分别为 1953 年、1963 年、1973 年，石鱼出水后的年份丰收居多。石鱼出水当年，鱼群往往上下游深游，长江水位低、水量少、流速弱而水温高、地温高，降水量少，土壤干枯，农事需蓄水，农业平年或歉收；石鱼出水次年或后年，鱼群就地游移浅游，长江水位高、水量多、流速强而水温低、地温低，降水量多，土壤湿润，农事应排水，农业平年或丰年。这是什么原因呢？因为作为最低水位标志的石鱼出现的年份，实际上就是枯水阶段最终年，此后的水位一般会逐年增高。这种水位的变化，很大程度反映在降水量的增加上，而降水量的增加无疑是农业丰收的有利条件。

四、结语

图腾崇拜是远古时人们对图腾物产生信赖而期望赋予自身某种力量，帮助自己战胜自然（敌人），如前文所述巴人的虎崇拜就是希望赋予自己虎的威猛来战胜敌人。

随着时间的推移，图腾作为庇护本族的祖先神的保护作用也会随着环境的变化而被赋予更多含义。远古巴人的鱼崇拜，极可能由在以渔猎为主的远古时期里获得赖以生存的生活来源的原始愿望，逐渐演变为农业社会中对获得合适雨水的企盼，甚至能天人合一、顺应自然变化而获得农业丰收。“石鱼出水”的科学性在历代的题刻以及文献方志中不见记载，题刻却大量地记述了因德政而感天，从而赐予“石鱼出水”兆丰年，这正说明巴人鱼图腾崇拜悄无声息地融入了后世的“天人感应”理念中。

参考文献：

[1]孙华，陈元棪．白鹤梁题刻的历史和价值[J]．四川文物，2014(1)：44-53.

[2]董其祥．董其祥历史与考古文集[M]．重庆：重庆出版社，2005：261-270.

[3]丁祖春，王熙祥．涪陵白鹤梁石鱼和题刻研究[J]．文物，1985(2)：20-26.

[4]许慎．说文解字[M]．北京：中华书局，1963：98.

[5]李吉甫．元和郡县志[M]．北京：中华书局，2010：62.

[6]王家德．试论长江三峡地区大溪文化的原始渔猎[J]．江汉考古，1994(3)：52-55.

[7]范桂杰，胡昌钰．巫山大溪遗址第三次发掘[J]．考古学报，1981(4)：461-490.

[8]四川巫山大溪新石器时代遗址发掘记略[J]．文物，1961(11)：15-21.

[9]王明达．浙江余杭反山良渚墓地发掘简报[J]．文物，1988(1)：15-21.

[10]熊培庚，张中一，等．华容车轱山新石器时代遗址第一次发掘简报[J]．湖南考古辑刊，1986(3)：1-18.

[11]张绪球．长江中游新石器时代文化概论[M]．武汉：湖北科学技术出版社，1992：285.

[12]向松柏．中国水崇拜[M]．上海：三联书店，1999：82.

（作者任职于中国水利博物馆）

江津莲花石题刻水文遗址保护

王宗麟

千百年来，作为亚洲第一大河和中华民族的母亲河之一的长江，孕育了中华文明。在长江流域遗落着近千处记录了中华民族先民休养生息、生活劳作的水文石刻。它们或默默地矗立在长江边，或静静地掩埋于激流下，无人问津。这些直接记录长江历史枯水位的题刻、碑记，反映了我国历代劳动人民的聪颖与智慧。而这些与长江相关的水文题刻对于研究长江流域的人文、生态、水利等领域均有重要的水文价值、史料价值、文学价值、艺术价值。自古以来，许多文化因水而生，因水而灭。长江上游重庆地区的水文题刻，又以涪陵白鹤梁、江津莲花石、渝州灵石、云阳龙脊石四大水文题刻最为知名。

长江上游这些独特的水文化现象所形成的人文景观，多数在三峡水库蓄水前后发生了显著的变化。长江上游的水文化遗产日渐被人们所关注，有关单位分别发起了白鹤梁水下博物馆建设、“护坡仰墙”围护石宝寨、易地搬迁张飞庙和白帝城瞿塘峡题刻复制等保护工程。三峡大坝蓄水 175 米后，理论正常水位达到三峡水库库尾回水尖灭线的江津花红堡。莲花石在花红堡上游，相距有 4.8 公里。也就是说，除江津莲花石外，其他三峡库区水下水文题刻在蓄水 175 米后将永沉江底。那么，如何有效保护好江津莲花石题刻水文遗址就是一个绕不过去的话题。

一、江津莲花石题刻水文遗址简述

江津，夏商属梁州，周属巴子国，秦属巴郡，早在 5 000 多年前的新石器时代就有人类在这里繁衍。江津已有 1 700 多年的建置历史。大江西来，在江津城区受阻于鼎山转而向北，复受阻于马骏岭东巡，再受阻于高家坪向南萦回，最后转向东北，环鼎山绕了一个“几”字形的硕大弯弓，故江津又名几江。1992 年，江津撤县设市，为省辖县级市，四川省政府委托重庆市政府代管；1997 年，江津市划归重庆直辖市管辖；2006 年，江津撤市设区。江津区属长江水系上游干流区，在三峡库区尾端。长江黄金水道 118.5 公里，东西贯穿全境，长江极其丰富的过境水资源，为江津的工农业生产及沿江城镇建设的发展和人民生活提供了优越的水源条件。

江津莲花石（原名跳蹬石或挑灯石，又名江心砥石）题刻位于三峡水库库尾重庆市江津区鼎山街道东门外长江主航道北侧江水之中，是从南宋孝宗乾道七年（1171 年）至民国二十六年（1937 年）近 800 年以来记载长江上游枯水位的奇特水下碑铭，以其美丽的传说和诗、书、镌刻俱佳而独放异彩。民国二十六年（1937 年）前的题刻内容多有“石不常见，见则丰年”之说。此石常年潜藏于水中，几年、几十年甚至上百年，早春时节遇长江水极枯时始露出水面。此景便引来游人驾舟观赏不绝，更有文人墨客吟诗作赋，镌刻于上。1978 年和 1981 年的莲花石两露，就有数千人登石，怀丰收之喜悦，观怒放之石莲。

莲花石因状若一朵巨莲而得名，由 36 块礁石交错组成。莲花石下部有一朵线刻莲花，系八瓣莲花形。据原县防汛抗旱指挥部实测，莲花石的顶部高程为 179.23 米，面积约 750 多平方米。在其中 11 块礁石上的题记共 38 处，诗 47 首。计有五言律诗 2 首，七言律诗 5 首，五言绝句 3 首，七言绝句 36 首，古风 1 首。各题记均为阴刻，无纹饰，但多数有长方形边框。字体有楷书、行书、草书和隶书，不少题记的书法艺术堪称上品，在诗词和书法研究上有较高的艺术价值。所有诗词、书法、题刻艺术都是有感而发，耐人品味。题刻的主要内容大致可分为三类：一是咏叹莲花石的奇特风姿；二是“石现兆丰年”的祝颂；三是和韵明代名妓谢秋芳在莲花石殉情前所作的绝命诗。

悄然“开放”在水中近千年的莲花石，据可考记载共出水 20 次，而最近一次是在 2018 年 2 月 23 日（正月初八）。具体出水年份如下：南宋孝宗乾道七年（1171 年）正月十九、明洪武二十五年（1392 年）闰十二月三十日、明嘉靖二十五丙午年（1546 年）正月初八、明嘉靖四十六年（1567 年）正月、清雍正甲辰年（1724 年）、清道光癸未年（1823 年）、清光绪乙酉年（1885 年）、民国四年（1915 年）、民国十六年（1927 年）、民国二十六年（1937 年）、民国三十三年（1944 年）和新中国成立后的 1952 年、1963 年、1973 年、1978 年、1981 年、1987 年、2007 年、2010 年和 2018 年。莲花石陆续记录了近 800 年长江上游枯水位极其珍贵的水文考古重要实物资料。它对研究长江的水利综合开发、内河航运、桥梁建设、农田灌溉、城市供排水，特别是系统推进长江流域水污染防治、水生态保护和水资源节约保护有着重要的科学考察价值。1992 年 3 月 19 日，莲花石枯水位题记经重庆市人民政府批准，公布为第二批市级文物保护单位。2000 年 10 月，重庆市人民政府批准并公布该题刻为重庆市第一批直辖文物保护单位。

1987 年 3 月中旬，江水枯落，这是 50 年来最低的一次水位，莲花石露出水面的面积达 800 多平方米。在此期间，舟楫往返不停，运载观赏游人，盛况空前。省、市、县电视台为此专程赶来录制游览实况。县文化馆工作人员也两次组织人员上莲花石清刷所有题刻处的泥沙，并一一拓片留存，经过整理，拓片内容成为莲花石上枯水位题刻空前完整的记录在案资料。

2007 年 3 月 2 日下午 3 时许，在江津区东段滨江路上可以看到，宽阔的江面上烟波浩渺，在长江航道北侧的江水中，隐约可见露出江面的礁石，像莲花一样静静地“绽放”。《重庆时报》记者吴国才与重庆市考古所、江津区文管所的文物保护专家一道，在海事部门的配合下，登上淹没于水下近 800 年、少有露面的莲花石。近 40 平方米的石块已露出水面，遗憾的是，所有石块上布满斑驳的浅黄色水藻，石缝间漂浮着丝丝青苔。重庆市考古所副所长袁东山称，“花蕊”已基本出水，两“花瓣”若隐若现。他在“花蕊”处轻轻地拨开水藻，顿时显现出“民国二十六年春治军几水游志”等隶书体文字。在北侧一“花瓣”处，有一长约 3 米、宽约 0.5 米的条形题刻，保存较为完整。撩开粘在石面上的青苔，异常优美的小楷文字让人连声感叹。因青苔附着，只可见“春”“莲”等字。文物专家从字体初步估计，该题刻比“花蕊”处的年代更久远。

重庆市考古所副所长袁东山说：“这很可能是最后一次出水了，必须尽快进行抢救性保护。石上题刻记录了近800年的长江枯水位情况，因其地处长江重庆段最上游，是长江上游历年水文的重要参考资料。同时，石上的诗词、书法、镌刻艺术等均有研究价值。如果这次不能提取到完整的文字资料和出台相应的补救措施，随着三峡三期蓄水及其他工程开展，莲花石将可能永远沉没于水中。”

莲花石上一次“现身”是2010年3月，之前很多人都认为，由于江津地处三峡水库库尾，大坝蓄水后这一水文奇观将永沉江底。没想到，江津段的长江水位持续下降，莲花石再次显露，犹如一朵莲花盛开在江面上。这引得不少市民和远道而来的客人莅临江边，一睹“出水莲花”之芳容。

2018年2月23日中午1时许，被誉为“川江八大枯水题刻”之一的江津莲花石露出水面，从2月23日至28日，露出江面的莲花石有0.2米至0.4米高，面积有四五平方米左右，所有石块上布满水藻，石缝间漂浮着青苔。

摄影爱好者闻讯后，带着“长枪短炮”以及航拍器材登上几江长江大桥，随时打探、观察莲花石出水情况。站在几江长江大桥上俯瞰，宽阔的江面上烟波浩渺，一大片黛青色的礁石隐约埋藏在江水中，像一朵硕大的莲花在江水中绽放，让人感叹：苍天遂人愿，盛世莲花见。此踏五虹飞架来，俯瞰莲花，遍经风雨；只观一脉清泉去，卧听江水，淘尽英雄。水落吐莲花，招摇几束青苔，地蕴灵根成砥柱；春晴妆素石，深浅千行锦字，岁留古迹待骚人。

三峡大坝蓄水175米后，理论正常水位达到三峡水库库尾回水尖灭线的江津花红堡。莲花石在花红堡上游，相距有4.8公里。所以，这一水文奇观不可能永沉江底。朱沱水文站距莲花石有71公里左右，经测算，只要上游朱沱水文站水位低于196米，莲花石就能再次显露。这次江津段的长江水位持续下降，莲花石再次显露，犹如一朵莲花盛开在江面上就是例子。

据了解，目前，江津区文管所已联系了专门的文物保护单位，登上莲花石，对其进行勘测记录、拍照存档，收集相关水文资料数据，同时还将建立起三维数字模型。此举将方便市民未来借助电脑模拟，立体、直观地欣赏到长江中这一近800年的水文题刻奇观的全貌。

莲花石上枯水位题记最早见于《江津县志》民国本“名胜·莲花石”条目中，有“宋乾道中石刻数行镌于江崖壁”；又据《重庆地域历史文献·（嘉庆）江津县志》第二十二卷《地理志·古迹》210页记载，“跳蹬石”即莲花石，在县北江水中不常见，见则人以占丰年。古有诗咏镌于江岩石壁，云：“乾道辛卯正月十九日，天水赵宜之陪王屋李希仲、太原王直夫，同寺首座珍况来游，饮不至醉。翌日晓，再陪王屋希仲、李孝友书此，以记岁月。”明代曹学佺在《蜀中名胜记》江津县“碑目”条目中也有同样记载。因其没于北壁深水处，1987年3月枯水位期间未发现此项题刻，因此，也无实录拓片。

莲花石上的诗文题刻，名气最大的是殉情诗。相传，明崇祯年间，泸州有一位貌美如花、多才多艺的名妓谢秋芳，她虽为妓却守身如玉，只与才士交往，多是鉴赏文墨、唱和诗词，与在泸州做官的江津杨生相识，为其卓尔不群的气度和才华横溢所打动，两人互生爱意。后来杨被诬受贬，离泸回津时向谢承诺，将凑钱为其赎身并共结连理。哪知时隔一年，仍不见杨生踪影，谢自赎来江津找杨，后得知杨在途中郁疾而亡，痛不欲生的谢在杨挚友的邀请下游莲花石，本欲为之排遣忧伤，不料谢在石上吟诗二首祭悼杨后，跳江殉情。诗其一云："买舟重到几江滨，烟水空蒙夜月新。回首琵琶歌舞处，翠钿冷落不成春。"诗其二云："幽怀脉脉少人知，身似杨花萎地时。不耐闲情春梦冷，石莲台畔写愁诗。"后人游此，多和韵其诗刻于石上。这段流芳百世的才子佳人的爱情故事，为莲花石抹上了浓浓的传奇色彩。

二、莲花石题刻水文遗址的保护

2015 年 3 月 30 日，环保部批复了中国长江三峡集团公司提交的《金沙江乌东德水电站环境影响报告书》。在《关于金沙江乌东德水电站环境影响报告书的批复》（环审〔2015〕78 号）中提出"不得在向家坝水电站坝址至三峡水利枢纽库尾长江干流河段和支流岷江、赤水河河段等自然保护区范围内，再规划和建设小南海水电站、朱杨溪水电站、石硼水电站及其他任何拦河坝（闸）等涉水工程"，同时指出"过去 10 年，长江上游珍稀特有鱼类国家级自然保护区因金沙江下游一期工程建设等因素进行了两次调整，自然保护区结构和功能已受到较大影响。未来该流域开发必须严格按照主体功能定位，严守生态保护红线，切实严格依法保护长江上游珍稀特有鱼类国家级自然保护区"。

水利部长江水资源保护局原局长翁立达说，对河流水资源和水能资源的开发利用必须适度，不能超越河流自身的恢复调整能力，国际公认 40%为水资源开发利用程度的警戒线。而随着水电规划的实施，金沙江流域规划的水库总库容将达到河川径流量的 83%，长江上游地区水库总库容将达到河川径流量的 61%，对河流生态环境将产生长期深远的影响。

除了生态问题，还必须考虑航运、移民、城市供排水等难题。在 2015 年全国两会上，有人大代表明确表示反对修建小南海水电工程。环保部否决小南海水电站项目及有关专家学者、人大代表明确表示反对重庆修建小南海水电工程，是有一定理由的。

2016 年 1 月 5 日，习近平总书记在重庆主持召开深入推动长江经济带发展座谈会，听取对深入推动长江经济带发展的意见和建议并发表重要讲话。他指出，长江、黄河都是中华民族的发源地，都是中华民族的摇篮。通观中华文明发展史，从巴山蜀水到江南水乡，长江流域人杰地灵，陶冶历代思想精英，涌现无数风流人物。当前和今后相当长一个时期，要把修复长江生态环境摆在压倒性位置，共抓大保护，不搞大开发。走生态优先、绿色发展之路，让中华民族母亲河永葆生机活力。

2018 年 4 月 26 日，中共中央总书记、国家主席、中央军委主席习近平在武汉主持召开深入推动长江经济带发展座谈会并发表重要讲话。他强调，总体上看，实施长江经济带发展战略要加大力度。必须从中华民族长远利益考虑，把修复长江生态环境摆在压倒性位置，共抓大保护，不搞大开发，努力把长江经济带建设成为生态更优美、交通更顺畅、经济更协调、市场更统一、机制更科学的黄金经济带，探索出一条生态优先、绿色发展新路子。

拟建的小南海水电站坝址，正位于长江上游珍稀特有鱼类国家级自然保护区缓冲区与实验区的联结处附近，建成后将淹没缓冲区约70公里的江段。而莲花石题刻正好在水电站坝址上游约23.5公里处，将被淹没在15～16米的江水中。由于江水的流速、水深、水面宽变化，横向扩散系数将发生改变，再加上泥沙淤积和水质的变化，必将加剧长江江津段水质的污染，这对莲花石题刻的保护是非常不利的，也是人为的最大破坏。因此，笔者认为在自然保护区内兴建显著改变水域生态功能的水利工程不符合“要把修复长江生态环境摆在压倒性位置，共抓大保护，不搞大开发”的精神要求。

“江心砥石激奔湍，砥柱中流障百川”的莲花石因水而生，也会因水而灭吗？莲花石由江水滋养水文化，可以这样说，莲花石是代表江津的水文化符号，最好的保护办法还是应该让其沉睡在滚滚波涛中，顺其自然，隐现无时。水中巨莲，不开则已，开则惊艳！江流千古，莲石千古！

参考文献：

[1]《重庆地域历史文献·江津卷》编纂委员会，沙磁文化促进会.重庆地域历史文献江津卷（上卷）[M].重庆：重庆出版社，2014.

[2]重庆市农机水电局.重庆市水利志[M].重庆：重庆出版社，1996.

[3]江津县水利电力志编委.江津县水利电力志 [M].重庆：江津县水利电力志，1989.

[4]江津县政协文史资料研究委员会.江津文史资料选辑[M].重庆：江津县政协文史资料研究委员会，1992.

（作者为重庆市江津区水利局副调研员，为重庆市江津区水利学会秘书长，重庆市水文化专家库成员）

重庆水文化探微

崔正荣

一、水文化的内涵

根据《辞海》中文化的定义来对水文化下定义的话，那么，广义的水文化是指人们在水事活动中创造物质财富、精神财富的能力及所创造成果的总和；狭义的水文化则指观念形态的文化，主要包括与水密切相关的思想意识、价值观念和精神成果等。

综观世界文化流源，尼罗河孕育了古埃及文明，幼发拉底河的枯荣消长促成了古巴比伦王国的兴衰消亡，地中海是古希腊文化的摇篮，黄河、长江哺育了灿烂的华夏文明。尼罗河年年河水泛滥，人们因经常丈量土地催生了几何学；大禹治水，发明了原始测量工具“准绳”与“规矩”，“水准测量”行山表木，产生了数。从人类发展角度看，一切文化现象都可以纳入水文化的范畴内，从某种意义上说，水文化称得上是其他文化的母体。

水是生命之源、生产之要、生态之基，但其自身并不能形成文化。人类最初并没有航空、互联网，但却不能没有水，为了生存和发展，必须从事各种水事活动。人是文化的主体，文化只有在社会实践中才会形成，即以“文”化“人”。水文化是人们对各种水事活动理性思考的结晶，集中表现在对治水、管水、用水、保护水的经验和规律的认识，水事能力的不断提升，以及治水工作方针、政策和法规等方面。广义的水文化具有物态性、精神性、行为性、地域性和时代性等特点。

二、重庆与水文化

（一）重庆天然水势

重庆地处青藏高原与长江中下游平原过渡带，长江自西南向东北横贯全境，地形走势从南北向长江河谷倾斜，境内水系发达，河流纵横交错，呈不对称网状分布。全市境内流域面积100平方公里以上的河流有238条，同全国其他特大城市相比，重庆水文条件十分优越。

（二）重庆历史演变与水的渊源

重庆是一座有着悠久历史文化的名城，是一座真正意义上源水而发、因水而兴的城市，水在城市发展演变的各个阶段都发挥了巨大的作用。两万多年前的旧石器时代，重庆依山傍水之地就出现了人类繁衍生息，在夏商周时期，该地区形成了强大的奴隶制部族联盟——巴。公元前221年，秦始皇分天下为三十六郡，巴郡为其一。汉朝巴郡称江州，隋文帝开皇元年（581年），以渝水（嘉陵江古称）绕城，改称渝州，此即为重庆简称“渝”的来历。北宋徽宗崇宁元年（1102年），渝州改称恭州，孝宗淳熙十六年（1189年），皇子赵接踵于正月封恭王，二月受内禅即帝位，自诩“双重喜庆”，遂将恭州升格命名为重庆府，“重庆”因此得名。

在交通不发达的古代，水运优势使重庆迅即发展成为西南疆域的军事政治中心和重要的物资集散地，在近代更逐步发展成为工商业发达、人口众多的重要商埠。辛亥革命后，1921年设重庆商埠督办，1935年5月5日，国民政府颁令，将重庆升格为直辖市。抗日战争爆发后，国民政府西迁重庆，于1937年11月定重庆为战时首都，1940年再定重庆为陪都。连同远古巴国的建都、元末明玉珍的大夏国建都，重庆在历史上三次成为国都。不难看出，无论是古代的定都，还是抗战时期的陪都，重庆拥有长江黄金水道，水运交通便捷是其决定性因素。

1997年，重庆直辖市的设立，除国家发展战略等因素外，很大程度上与世界最大的水利枢纽——三峡工程的建设有着至关重要的联系。因此，无论是重庆城市发展所肩负的历史使命，还是所需正视的世界最大规模水库移民这一世纪难题的挑战，以及城市发展的区位优势与巨大潜力，都源于与水的不解之缘，重庆的人文历史就是水兴重庆、重庆兴水的历史。

三、重庆水文化万象

（一）从地理名称看水文化

1. 区县名称中的水文化

重庆辖38个区县，其中，市辖区19个，市辖县19个。江津区、永川区、巫溪县、彭水县等14个区县名称即含有江、川、溪、水等水名词素。北碚区等7个区县名称虽未直接标注水名标签，但其名称因水而来，如北碚，因有巨石伸入嘉陵江中，曰碚，又因在渝州之北，故而得名；巫山县因巫山（巫峡）在县东，因以为名；万州因“万川毕汇”而得名；涪陵因乌江古称涪水，巴国先王陵墓多葬于此而得名。忠县、开县等4县历史上都曾使用过“临江”“开江”等含水名词素的名称。市辖区和市辖县名称与水的关联性分析见表1。

名称含水名词素的市辖区占市辖区总数的57.9%，而含水名词素的市辖县仅占市辖县总数的15.8%；名称具有水关联性的市辖区占市辖区总数的78.9%，名称具有水关联性的市辖县仅占市辖县总数的52.6%。总体上看，市辖区名称与水的关联性远大于市辖县名称与水的关联性，无论从历史角度看，还是从现状来说，市辖区比市辖县经济发达程度都高出许多，这也进一步佐证了水对区域经济社会发展的重要作用。

表 1 重庆市区县名称与水的关联性统计分析

关联性项目	名称具有水关联性的市辖区				名称具有水关联性的市辖县			
	含水名词素	由来与水相关	历史名称含水名词素	小计	含水名词素	由来与水相关	历史名称含水名词素	小计
区/县	江北、江津、黔江、綦江、永川、南川、合川、南岸、大渡口、渝北、渝中	北碚、万州、涪陵、九龙坡			垫江、巫溪、彭水苗族土家族自治县	潼南、武隆、巫山	忠县、开县、荣昌、梁平	
数量（个）	11	4		15	3	3	4	10
比例（%）	57.9	21.1		78.9	15.8	15.8	21.1	52.6

2．地名命名中的水文化

据抽样调查，重庆辖区内具有水关联性的乡镇、村社名称数量极多，而小地名具有水关联性的则更多。以主城已开通线路的公交站点名称为例，据不完全统计，含江、河、溪、沟等水名词素的站点有 41 个，如临江门、石马河、茄子溪、毛线沟等；含湖、泉、井、塘等水名词素的有 29 个，如蓝湖郡、东泉、井口、二塘等；含湾、滩、沱、堤等水名词素的有 36 个，如星月湾、寸滩、唐家沱、堤坎等；含水、沙、浪、滨等水名词素的有 44 个，如一碗水、白沙、浪高、滨江花园等；含桥及其他水名词素的有 33 个，如桥头、海德等。

（二）从城市雅称看水文化

长江、嘉陵江古称“江水”和“渝水”，重庆因以得名“江州”“渝州”，同样因缘于水，又被冠以“雾都”“桥都”“温泉之都”“美女之都”等雅称。

1．气态水与“雾都”

重庆四面群山环抱，长江、嘉陵江横贯城区，水汽充沛，空气中的水汽基本处于饱和状态，且不易扩散，易凝结成雾，城市云高雾重，年均雾日 104 天，高于“世界雾都”伦敦的 94 天，“雾重庆”因此得名，重庆“雾都”之称名副其实。

2．地表水与“桥都”

重庆河流众多，但也成为陆路交通发展的制约因素，经济社会的发展及跨江交通发展的需要促成了桥梁事业的快速发展。重庆是全国跨江桥梁数量最多的城市，同时也是桥梁类型最多的城市，主城规划在长江、嘉陵江上修建跨江大桥 40 座，目前已建成 26 座，另有在建大桥 4 座，重庆被称作“中国桥都”和“桥梁博物馆”。

3．地下水与“温泉之都”

重庆地下是一个巨大的地热田，已探明温泉分布区域 1 万平方公里，遍布全市各区县，江畔温泉、湖景温泉、岛上温泉、山中温泉等应有尽有。已探明温泉点 107 处（其中主城 20 余处），温泉总储量约 2 700 亿立方米，温泉水日涌量达 10 万立方米，重庆被誉为“中国温泉之都”。

（三）从风景名胜看水文化

“山无流水不秀，城无水景不美”，重庆许多风景名胜、历史古迹和自然奇观都与水息息相关。世界自然遗产武隆岩溶国家地质公园享有“中国地质奇观旅游之乡”的美誉，无论是历史上形成的喀斯特地貌奇观，还是游弋其间的飞瀑流水、地下伏流，都离不开水力的鬼斧神工；长江三峡、钓鱼城、武隆芙蓉江等国家级风景名胜区都充分彰显水的无限魅力；涪陵白鹤梁题刻遗址被联合国教科文组织誉为“保存完好的世界唯一古代水文站”，这座“世界水下碑林”具有重要的历史、科学、艺术价值；号称“亚洲第一瀑”的青龙瀑布、巫山小三峡等景点也都因为水的壮美奇特而引人入胜。重庆风景中最具特色的当数主城夜景，主城两江交汇，依山傍水，城市层叠而上，夜色垂暮，灯火起伏错落，云霞明灭，与两江粼粼波光、满天繁星交相辉映，奇丽醉人。

（四）从语言现象看水文化

重庆简称“渝”，“渝”字本义为水由净变污，后引申为改变。虽尚未考证“渝”字本义是否源于朝天门两江交汇处水流分质分界的现象，但汉语言中“忠贞不渝”“丹青不渝”等“渝”字习语多达近百条。社会语言学认为，语言与社会生活及社会心理密切相关，这也是人类各种语言新词和流行语不断涌现的根本动因。中华文明上下五千年，都城数十座，著名河流不计其数，即便是在历经朝代最多、定都时间最长的长安城，历史上“八水绕长安”之说中的“八水”中也仅有泾河、渭河留下“泾渭分明”等少数几个词语。甲骨文是中国最早的文字，其历史约 3 600 年，之前人们对历史的记忆都是代代口耳相传的。假定历史上渝州或渝水曾发生过重大的水事活动或历史事件，对渝州、渝水地区乃至中华大地都产生过很重大的影响，或许因为口耳相传而漏失殆尽，仅在语言文字中留下只言片语，这也许正是诸多“渝”字习语得以传留的真正原因。重庆方言中与水有关的说法很多，如放水、涮坛子等。

（五）从生活美食看水文化

水和水文化在重庆居民生活的方方面面都一直产生着重要的影响。重庆的重要建筑、大型公司等贴有长江、嘉陵江等水文化标签的不计其数，如嘉陵帆影、雾都宾馆等。2010 年成立的重庆两江新区，与上海浦东、天津滨海两个新区所对比的就是水优势和水文化，上海浦东新区彰显其浦东运河的悠久历史，天津滨海新区展示其濒临渤海的优势，重庆两江新区则强调坐拥中国最大的河流长江及其集水面积最大的支流嘉陵江两条大江。重庆 2010 年开始遴选的“两江学者”，突出的正是重庆的水文化特色，也与教育部的“长江学者”相呼应。

重庆美食中影响最大的是火锅。据传，重庆火锅是因为以前长江船工停船即生火做饭以驱寒，炊具仅一瓦罐，罐中盛汤，悉数加入本不丰富的各种菜品，并添加辣椒、花椒祛除湿寒，船工吃后，美不可言，于是沿袭下来，做法日益考究，日渐成风，成为美食。重庆一些火锅品牌更是强调其水文化特色，如满江红、大家捞、乡水源、桥头、纤夫、冰火锅等。重庆其他美食带有水文化印记的也不在少数，如水煮鱼、水磨豆腐等。

四、重庆城市水文化的传承与发展

重庆是在码头古镇的基础上发展起来的，“山中有城，城中有水”，山水刚柔并济，可以说水是重庆的“城市之魂”。水不仅养育了重庆儿女，使重庆成为钟灵毓秀之地，也孕育了重庆数千年的历史人文底蕴，更培育了厚重的城市水文化。

从逐水草而居开始，经历引水灌溉，人类进入到城市水利阶段，人、水、城的和谐共生将成为未来人水关系的主题。人水关系产生水文化，城市将成为弘扬水文化的“航空母舰”，承载更大的历史使命。作为后发的特大型城市，重庆应在水文化开发建设领域有所作为。余秋雨说：“中国文化从根本上说是‘大河文明’，能称得上大的城市，只有大上海、大武汉、大重庆。”重庆城市之根就是水，文化之根就是水文化，必须在城市规划建设中融入更多的水元素，提炼和升华城市水文化，打造城市文化特色，提升城市文化品质。

参考文献：

[1]刘星原.浅议水文化分类结构大纲[J].湖北水利水电，2005(1)：77.
[2]吴悦肇.城市建设与山水文化[J].中国科技信息，2005(10)：149.
[3]薛惠锋，王平.水资源支持区域经济发展研究[M].西安：陕西科学技术出版社，1996.

（作者任职于重庆市水资源综合事务中心，正高级工程师）

传统社会巴渝地区的塘堰建设及管理

程得中

巴渝地区地形以山地、丘陵为主，历史时期发展水利困难重重，劳动人民因地制宜，创造性地进行了塘、堰等中小型水利设施建设，保证了复杂地貌下的水田灌溉，集中反映了先民的智慧。前人有关四川盆地农业开发及水利建设历史的研究成果已经比较丰富①，但研究重心大多在农田水利建设条件较好的川西平原地区，专门对巴渝地区塘堰建设的研究还相对薄弱，本文在相关研究基础上梳理历史时期巴渝地区塘堰建设的历史进程，分析本地区塘堰分布特点，探析传统塘堰建造、冬水田灌溉技术及相关维护管理经验。

一、传统社会巴渝地区水利开发进程

长期以来，人们习惯上把四川盆地作为一个文化整体看待，其实盆地东部与西部物质文化和精神文化都存在较大差异。川西地区地形为平原，土质良好，溪流纵横，适合农耕。而川东地区地形主要为山地、丘陵，面积约为94%，台地和平坝面积仅占6%，可耕地比例远低于成都平原。宋人汪应辰根据这种自然条件差异将盆地划分为三类地区：第一类为成都平原及周围“水田多、山田少”，且有渠堰灌溉之利的区域；第二类为川中沱江下游以及涪江流域所在的潼川府路，这里“多是山田，又无灌溉之利”；第三类地区范围以川东平行岭谷区为主，也就是现在的重庆市范围，号称“最为荒瘠，号为刀耕火种之地”[1]。一直到明代正德年间，“蜀之号为陆海者，徒以西南诸邑灌水之利耳。……其他皆刀耕火种，所获系天”[2]。可见，一直到明代中期，巴渝地区的水利建设仍远远滞后于川西平原。明代中期开始，巴渝地区的塘堰建设开始兴起，清代乾隆时期达到传统社会的顶峰。

巴渝地区由于地形差异大，水利开发也不均衡，呈现先东部，然后逐次向中、西部推进，北部和南部最后开发的进程。东部的奉节、万州、梁平、忠县、垫江、长寿、涪陵为平行岭谷区，由一系列东北—西南走向的条形山地组成，低山之间平行排列着一些由长江、嘉陵江、涪江等河流冲击形成的平坝，这些成为巴渝水利开发较早的地区。中部的巴县，充分利用自然降水和山溪泉水进行多种形式的灌溉，修筑塘堰、沟渠、渡槽、提灌工具进行蓄水、输水。西部的江津、璧山、合川、铜梁、潼南、永川、大足、荣昌等地区以丘陵为主，地势相对平坦，但“江深岸高，难以灌

---

① 已有的相关研究有：郭声波. 四川农业地理概论［J］. 中国历史地理论丛，1989（3）：111-125；蓝勇. 明清三峡地区垦殖与农田水利建设研究［J］. 中国农史，1996（2）：59-69；张芳. 明清南方山区的水利发展与农业生产［J］. 中国农史，1997（1）：20-27.

溉”，“田形高而川势下”，无法从江水中直接取水灌溉。修筑塘堰的习惯古已有之，水利建设从明代中叶开始兴起，清代出现整体繁荣局面。渝东北为大巴山、巫山山区，属于中山区，水利开发较为滞后，清代以前基本为刀耕火种。渝南的綦江、南川，渝东南的武隆、彭水、黔江、酉阳、秀山为喀斯特低山，间或有丘陵、平坝、洼地，多为少数民族聚居区，水利发展较为滞后，清代改土归流后得以正式开发。

（一）唐宋时期塘堰建设的开端

有关重庆塘堰的最早文献记载是奉节县东北五里的青苗陂，时在唐广德元年（763 年）。北宋熙宁、元丰年间，王安石推行变法，大力兴修水利，夔州路（今奉节）有水利 274 处，灌溉面积 854.66 公顷，平均每处灌溉面积仅 3 公顷多，因其水利设施多为小型堰、塘、泉、渠。南宋时期，水利建设继续得到发展，至蒙古攻陷四川之前，唐代旧有水利工程大体修复完毕，并增辟很多支渠。峡江地区凡滨江平地之上，皆有引水沟渠用于灌溉水田。范成大在万州所见到的“山骨鳞皴火种难，山下流泉却宜稻”[3]的景象说明当时已出现山上种粟麦，山下种稻的垂直立体农业景观。

（二）明代巴渝地区塘堰建设的兴起

明代人口和耕地均未超过唐宋盛期，开垦记载较少，但农业技术有所提高，在川中、川东丘陵区多有兴修山湾塘堰的记载。据统计，明代仅涪州、丰都、忠州、开县、新宁、梁山、万县、云阳、奉节、巫山、大昌、大宁等地就有堰 621 座，陂塘 3 264 口[4]。地方志记载，统计明代重庆府有水利工程 6 649 处，夔州府有 1 130 处，巴渝地区水利工程数约占全川的三分之一[5]。

明代建国之初，朱元璋便“昭所在有司，民以水利条上者即陈奏”，并要求州县官吏每月上报本地雨情。洪武二十七年（1394 年），“特谕工部，陂塘湖堰可蓄泄以备旱涝者，皆因地势修治之”，“遣国子监生分行天下，督吏民修水利”[6]。洪武二十八年（1395 年）全国塘堰共 40 987 处，拦河坝 4 162 处，陂渠堤岸 5 048 处，皆已开发水利[7]。合川此时开始大建塘堰，《合州志》载“合州塘堰 150 所，俱在各里，为洪武年间所置，农闲建筑潴水，以灌田亩”[8]。清代《重庆府志》也有记载，“明洪武时修凿塘堰，旧有 150 处，今多开垦为田，无考”[9]，印证了明代合川水利在巴渝地区的领先地位。

洪武后几任君主也比较重视水利，如正统二年（1437 年），“令有司秋成时修筑堤岸，疏浚陂塘，以便农作。仍具疏缴报，俟考核以凭黜陟”[10]，但直到明代中叶前，四川的水利建设中心仍在川西平原地区，巴渝地区仅有的一些见诸文献记载的水利设施出现在以巴县为中心的渝中地区。成化四年（1468 年）唐博任巴县知县，“相地筑塘堰凡百有七十所，巴人赖之”[11]。正德年间（1506 年—1521 年），长寿县有堰 47 座，塘 1 283 口；涪州有堰 153 座，塘 1 363 口；丰都县有堰 41 座，塘 253 口；忠州有堰 116 座，塘 162 口；新宁县有堰 11 座，塘 127 口[12]。

嘉靖时期，社会安定，统治者大力倡导农田水利建设，“令各处抚按守巡官严督所属，以时修浚堤岸、坝陂、堤堰、沟渠之在境内者”[13]，巴渝地区迎来了塘堰建设的第一个高峰。渝中水利持续发展，渝西塘堰初兴，渝东北、渝南出现了很多民众自发修建的小型塘堰。嘉靖十五年（1536 年），云阳知县杨东山倡修小塘，至嘉靖二十年（1541 年），全县拥有山平塘 62 处[14]。嘉靖十六年（1538 年），江津知县杨元吉“劝农修塘堰车闸五百七十五座”[15]。嘉靖末年（1566 年），綦江县（今綦江区）金兰坝建成寡妇堰。据戴氏族谱记载，该堰为戴学遗孀雇工修建，分上、下两堰，上堰在瀑布岩腹，凿石成轨，引水灌溉，下堰在瀑布下游 1 公里许，叠石建成，两堰可灌溉金兰坝农田 230 余亩。

良好的水利建设为巴渝经济发展奠定了基础。截至万历六年（1578 年），重庆府的耕地和人口占全省的份额已经各达到了三分之一左右，标志着其成为四川最重要的粮食和人口区。同时，重庆府所占田赋也达到了全省的三分之一，表明该地也已跻身四川最富庶地区[16]。

（三）清代巴渝塘堰建设的全面繁荣

明末清初，四川惨遭兵燹，许多地方“民无遗类，地尽抛荒”，社会经济极度残破。清政府乃推行奖励垦殖的优惠政策，吸纳湖广等省之民迁移入川，鼓励移民垦荒。这些移民善于开垦，利用塘堰等小型水利设施对重庆等丘陵山地进行了大规模的开发，“土山无石则旋绕控作水田”[17]。康雍时期，四川盆地平原上的荒地得以复垦，乾嘉时开拓丘陵山区，大量修建梯田，发展农田水利，水田爬坡上山，经营范围扩大[18]。

乾隆年间，国家承平日久，重庆境内人口大幅度增长，在地方政府的大力倡导下，民众积极参与水利建设，成为封建社会四川兴修水利的高峰，据学者统计，较有名的新建水利工程就有 176 处，超过历代同类工程的总和[19]。乾隆十五年（1750 年），渝西、渝东南水利建设取得重要进展。根据方志记载，该年酉阳、永川、新津等地出现了兴修水利的热潮。乾隆十八年（1753 年），四川总督黄廷桂针对“蜀惟成都府有都江大堰资灌溉，其余山田悉苦旱”的情况，饬全省“设法取水，改旱成田”，“勘修塘堰，以灌山田”[20]，对于巴渝地区的水利建设起到了推动作用。

1. 巴县塘堰持续繁荣

清代，作为重庆府驻地的巴县水利建设仍走在巴渝地区前列。雍正年间，巴县建成宋家沟堰和龙泉堰。宋家沟堰于雍正元年（1723 年）开凿。《巴县志》载：

> 宋家沟堰源出于宋家沟之双龙洞，洞水涌出，四时充盈，纵遇旱年，水势稍枯，亦未涸竭。经堕石坪、四眼坪等处至龙牙子，分南北两堰，南堰引灌白市镇龙台保及玉皇保田三千余石，北堰引灌含谷乡义和保田三千石。此外，沟之下游又有二、三、四堰，皆灌含谷乡仁和保田三千余石……总计宋家沟所出南北数堰之水溉田约万石。[21]

龙泉堰于雍正年间由巴县李家祠堂出资修建，为浆砌条石建成。堰渠长 6.8 公里，引龙王洞泉水灌田 1 500 亩。民国三十二年（1943 年），国民政府行政院水利委员会褚民益利用治淮公款，以贷款形式扩建该堰，龙泉堰改称褚公堰。1955 年，该堰更名为丰收堰，今为北碚区海底沟地下水库左干渠灌区。

乾隆年间，巴县水利建设大兴，塘堰数量之多，指不胜屈。《巴县志》载：

巴之堰指不胜屈，择其古且巨者一百八十二著于册。至于旧塘为数五百八十七，新塘一千七百一十九，附数于此，弗再胪列。[22]

清乾隆十九年至二十九年（1754 年—1764 年），“全县新修塘 238 口，补修塘 157 口，清除淤塞塘 87 口”[23]。直到道光年间，巴县塘堰仍然有一定规模。方志记载巴县有“古塘堰 182 处，新旧塘 2 306 口”[24]，江北厅（今江北区）有堰十二，均自溪泉引水灌各姓田。

2. 渝西塘堰大兴

渝西地势相对平坦，发展水利条件较好，乾隆年间永川、江津水利开发出现繁荣局面。乾隆十五年（1750 年），单思迈知永川，该年建成石河堰 156 处，灌溉面积达到 1 092 公顷。至乾隆十九年（1754 年），修建圣水堰等堰达到三百余处，“堰水难及者，令民掘塘”[25]，“堰倍于前，塘数十倍于前，合计堰 700 余，塘 2 800 余处，水利从此大兴”[26]，单思迈也因水利政绩被嘉奖，载入史册。乾隆十九年至三十年（1754 年—1765 年），江津农田水利建设也出现繁荣局面。江津知县王政义、黄正澄先后奉文陆续新修渠堰 97 道，开筑新塘 238 口，补修陂塘 157 口，并修淤塞陂塘 87 口。到乾隆三十年（1765 年），全县计有塘堰 1 154 口，以后数年又新添塘堰不下 1 500[27]。

合川是巴渝开发最早的地区之一，乾嘉时，合川塘堰大兴。乾隆五十六年（1791 年），合州修建箭口堰、箭竹堰。嘉庆十年（1805 年），合州建高洞堰，续修观音堰。嘉庆十一年（1806 年），合川县修建云峰堰，长三里，又重修刘家场堰。嘉庆十五年（1810 年），合川县人韦文光修建饶林堰，同年建成陈家堰。

雍正时期，潼南、璧山、大足等地水利初兴。雍正七年（1729 年），潼南县在今双江镇石庙沟建成河上堰，可灌田 13 公顷，这是该县有记载最早的石河堰。乾隆十七年（1752 年），潼南县修建南河堰。璧山县地形较为崎岖，当地百姓因地制宜，利用山间泉水筑堰蓄水，取得了一定成效。据地方志记载，道光年间（1821 年—1850 年），邑民从天池槽引水，然后凿通青木关山峡，分灌巴县、璧山县良田数万亩，全县引山溪水筑堰达 36 处。大足县农田水利在清末也有发展，在濑溪河、窟窿河、淮远河上建石河堰共 19 处，拦水坝为石灰浆砌条石。

3. 渝东北塘堰建设初见成效

渝东北水利建设在清代取得较快发展。夔州府沿江的平坝地区基本被开垦为水田，水稻产量颇为可观。开县沿东溪两岸用筒车灌溉沃田数百顷，县西临江又有水田数百顷[28]。万县“里甲塘堰之数不可胜计”[29]，乾隆五十八年（1793 年），夔州（今奉节）王天成引龙洞泉水修七里堰，可灌田两千余顷，约出谷千余石[30]。嘉庆六年（1801 年），夔州知府周景福在白阳坝“开挖淤涝，引水灌溉，得良田万余亩”[31]。道光四年（1824 年），巫山知县杨佩芝捐银二千两，组织民众疏导坪垅坝暗洞以消水除涝，至道光七年（1827 年）始成。梁山（今梁平）知县刘衡，捐俸倡修刘公堰。

道光九年（1829年），云阳县于马滩河凿堰截流，修筑长堤十余里，引水灌溉。光绪五年（1879年），大宁县建设羊乔坝排水工程，岁增收谷数万石[32]。

4．渝南、渝东南塘堰开始发展

渝南、渝东南少数民族聚居的山区地势复杂，原为土司统治，开发进程较为缓慢，清代进行改土归流后水利建设有了较大发展。如乾隆元年（1736年）改酉阳土司为酉阳直隶州，开发加快，乾隆十五年（1750年）李光爽任酉阳州，“教民辟荒菁，兴水利”[33]。酉阳州州同刘复仁等，募人修复蒲海场堰，历时三年建成，灌田十六顷，新建梅树堰。乾隆十六年（1751年）建成郑家滩、小碧河等堰。乾隆二十七年（1762年），綦江建成夫妻堰，由村民韩俊美一家四口修成，堰虽只有三里，但带动了其他百姓自发兴修水利的积极性。乾隆三十二年（1767年），秀山县杨魁元等修建巨丰堰，道光十四年（1834年）又进行了重修。嘉庆中（1807年左右），涪州副贡况抡标率族人建成桔子巷大堰，灌田数千亩。道光年间（1821年—1850年），涪州水利设施建设出现繁荣局面。地方志记载：

> 小河，出两河江，合内江，有灌田之处。碧溪河，下高滩有堰，引水可溉田千余亩。老龙洞，上洞水出即伏，下洞水出可灌田数顷。批把洞，洞水可溉田百余亩。修鳞洞，洞水可溉田百余亩。余孔洞，河水可溉田数百亩。土地坡塘，塘水绕山数里，可溉田千余亩。[34]

涪州又筑散水坝、马滩河堰，取得较好的经济社会效益。

渝东南塘堰也有发展，道光六年（1826年）统计，黔江县旧有蓄水塘114口，新开塘58口，旧有堤堰101道，新修堤堰62道[35]。道光年间（1821年—1850年），南川县地方志记载县东有龙塘一处，可溉田百亩。统共各里、甲合计有堰、塘、龙泉共341处。咸丰元年（1851年），南川县有塘260处、堰405条、龙泉33眼[36]。

经过清初的休养生息和水利建设，巴渝农业逐渐得以恢复和发展。到乾隆时，川江、嘉陵江“Y”形区域（重、顺、叙、绥、泸、忠）的水田比重显著增长，四川盆地水田区已经由盆西扩展到盆东，奠定了现代盆西—南—东弧形水田区的格局[37]。重庆府周边地区成为重要的稻米基地，史载“渝州每岁下楚米石数十万计”[38]，开始大量向外输出。

二、巴渝地区塘堰分布特点及技术经验

四川盆地有着悠久的农业开发史，自古便积累了丰富的塘堰建造技术经验，这些技术经验在时代演进中得以传承和创新，不断丰富、完善。由于巴渝地区地貌以山地、丘陵为主，西部浅丘和平行岭谷间狭小的河谷地带大多修建拦河堰引水灌溉，东部坪状低山地区通过各种平塘、山塘蓄水，同时大力推广应用冬水田，成为塘堰的重要补充。

（一）因地制宜、类型多样的塘堰建设

巴渝地区地貌复杂，先民根据地形、水源特点选择适宜的灌溉工程类型。《巴县

志》记载了如何因地制宜地选择堰、塘及水轮、水车等灌溉工程和工具：

坝田近溪流者，拦溪砌堰，顺溪之流，次第节为堰，以潴蓄之。拦其水使其东西溉，不劳力而水自足，此天然之利也。……或田身高出于溪，不能拦水上田者，则于堰中开水门，当门设轮日夜旋，掬水以灌。……若过高者，须以人力车水，节节转轮，必置水车七八道，始能上田。……无此二利，则宜多开塘。[39]

巴渝地区塘堰的分布，堰田多在山垅，塘田多在平板，大抵山丘地区堰多于塘，平坝地区塘多于堰。山丘地区利用的水资源主要有山溪和泉水，“巴县两江穿绕，岸高水深，利通舟楫，而缺灌溉。惟鳞比皆山，山多泉多，汇而成溪，又汇而成河，穿云架枧，引归绣陌，是为堰”[40]。由于山区山高水陡，为存水需要筑堰截流，然后修渠引水入田。东部坪状低山地区无径流之利，则平地挖塘储水，如“万（县）临大江多溪河，里甲塘堰之数不可胜计。其地大半山田而为腴米之乡，小塘尤多达五千余”[41]。

1. 以河堰为主的中、西部丘陵地区

巴渝中、西部丘陵地区堰坝分布广泛。华蓥山、中山以及东山之间的宽谷内多为浅缓丘陵，宽谷两侧的山岭，沟谷发育。先民很早就利用这种山岭与宽谷相间的有利地形，在山岭中下部沟谷地段修建河堰拦截山溪或短小河流。根据工程的修建材料，河堰分为土堰和石堰，前者称“土码口”，系用草、土、石混合，为一年一建的临时工程。后者俗称“石码口”，由石头砌成，维持时间较长。这些工程，堰高一般不超过 3 米，需要每年进行培修或重建。按照其所用材料和建筑方法，分为以下几种[42]：

（1）跳墩堰。从岸端砌以石墩，宽约 1 米，中间留空隙过水，必要时用土堵截。河床中部也可建石墩，以减小空隙，枯水期堵塞空隙即可起到蓄水作用。

（2）筷子堰。用条石顺流干砌成堰，平时任其顶面和石隙过水，枯水期在上游填以黏土防渗，称“筷子堰”。

（3）衬子堰。用条石 3 根，横、竖、斜排列砌成空箱，中间填满沙土，称|“衬子堰”。

（4）包心堰。在上下游整齐砌石，中间填土，然后用板石铺面，称“包心堰”。

河堰拦水后，又利用地势顺山修渠，引灌谷中的农田，在水高田低之处用筒车、龙骨车等工具提水，形成引提结合的灌溉景观。同时，该地区泉水丰富，大部分发源于山地或山麓地带，地势较高，水源较为稳定，但流量较小，需蓄积利用，在溪沟、泉水处筑堰引水灌田，高水高用，低水低用，积少成多，分层灌溉。

2. 沿梯田层层建塘的东部坪状低山地区

巴渝东部坪状低山地区，水源缺乏，沟谷切割较深，耕地分布位置高，引灌条件差。先民根据当地地形，灌溉工程以蓄为主，地方志记载：“冲头山凹之处，掘作塘池”，“淤水潦甚降之时，蓄积充满，小者可灌数亩，大者数十亩”[43]。这些地方的灌溉工程包括平塘、山湾塘等多种形态。

（1）平塘。为平地下挖，挖出土方即堆在塘的周边，在接水一侧开挖引水沟以接受径流。为防渗漏，需在塘底铺垫一层黏土。这种塘蓄水多年后往往会淤积泥沙，影响蓄水，需要定期淘挖。平塘的蓄水量较少，一般由数百立方米到数千立方米不等。

（2）山湾塘。山溪冲沟中，根据地形筑堤蓄水所成塘，称为“山湾塘”，也叫“水田腰堰”。“地形上高下低，即取塘土筑横堤，于下留水窦以备启放。”这种培土作梗的塘堰，比平塘蓄水容积大，建设成本低，在山地丘陵地区分布较为广泛。

先民在此地的灌溉工程建设走小、多、高的道路。即平塘、山湾塘、陂塘等小型蓄水工程分布广泛，以数量多补其规模小、蓄水量不足之弊，并尽量将这些工程布置在地势较高的地方或进行插花式布局，最大限度地扩大灌溉面积。该地区南宋时即出现梯田，明清时梯田技术已经非常成熟，先民因地制宜沿梯田层层建塘，在山顶修平塘，灌高梯田；在山腰修建山塘或陂塘，灌中梯田；在塝上梁下建山湾塘，灌低梯田，起到费省效宏的良好效益。

（二）传承创新塘堰建设技术

清乾隆时什邡知县史进爵撰写《修筑诸法》，对巴蜀地区历代修堰的经验进行了总结。具体来说，包括以下三点。

第一，深淘滩，低作堰。此法相传为李冰在修建都江堰时在斗鸡台镌刻的作堰心法，后因年深日久磨灭，后人又在观音岩下重新镌刻。史进爵解释，堰口需要淘得又宽又深，这样入水量才够用，但是也要注意排水途径，以免洪水期冲坏堤岸等工程。进水口槛宜低不宜高，太高容易在汛期被洪水冲毁。

第二，宽砌底，斜结面。史进爵解释，堰底必须宽阔，要平铺数层，像桥墩基础一样，断面向下逐级扩大，这样堰脚才稳固。这是康熙时绵竹知县王谦言总结出来，作为“深淘滩，低作堰”六字口诀的补充，实际上起着推广梯形断面、稳定边坡的作用。

第三，泡水田，作冬堰。这是绵竹知县安洪德所作，要求蓄冬水于田中，秋收后扎河堰、补塘池以蓄水。

对于塘的建设，盆地先民也积累了丰富的经验，并进行了创新。乾隆十一年（1746 年），合江罗文思任陕西商南县知县，将家乡的建塘技术予以推广。以植柳法代替当地布桩法固堤，以塘草法代替种荷法养塘，具体做法是“堤上植柳，以枝叶可荫塘，根能固堤脚……塘水肥菱草，乃生鱼，易长，种荷成藕，坏堤”[44]。并以新伐松木加塞作启放式活水窦，可达经久不朽之效。

（三）独具特色的“塘堰—冬水田”配套方法

冬水田是水利设施缺乏、灌溉条件差的地区，用以蓄水保证栽种水稻的一种简易的以田蓄水设施。具体来说，水稻收割后，蓄秋雨过冬，到次年栽秧，一般水深 0.1～0.5 米，可保本田栽秧；水深 0.7 米以上，名囤水田（又名么堰、连田堰），除保本田栽秧外，还有多余水供其他田使用。一般囤水 1 亩，可供 2～3 亩、多则 4～5 亩农田用水。

南宋时期，巴渝丘陵地区开始修筑梯田，有了蓄春夏之水的雷鸣田，“果州（今南充）、合州（今合川）等处无平田，农人于山陇起伏间为防，潴雨水用植粳格稻，谓之嶒田，俗名雷鸣田，盖言待雷鸣而后有水也”[45]。同一时期，江浙地区已经有了蓄冬水的冬泡田，因此有研究认为，随着梯田的开辟和江南冬泡田的传入，南宋时四川山丘区可能已经出现冬水田[46]。此说虽尚无文献佐证，但确有一定道理，毕竟南宋时巴渝的梯田技术已比较成熟，从雷鸣田到冬水田只有一步之遥，加之当时巴蜀与江南地区经济文化联系空前加强，移入川中的外来移民也有了一定规模。文献记载中最早在四川盆地提倡冬水田技术的是雍正年间成都知县张文鐩[47]，他辑录的《农书》主张“秋冬田水不可轻放，尤为要着矣。每见农家当收获之时将田水尽行放干，及至春夏雨泽稀少，便束手无策，则何不坚筑塍堤使冬水满贮，不论来年有雨无雨，俱可恃以无恐哉”[48]。乾隆五年（1740 年），阚昌言做德阳知县，发现当地农田秋冬不知蓄水，来年春耕田土干涸板结，影响水稻适时栽插。于是他将家乡湖北的冬水田法教给当地农民，从此一县皆守其法[49]。乾嘉时期，大量移民涌入巴蜀，开始了规模巨大的梯田运动，伴随这一运动的就是冬水田的推广，该时期江津、大足、永川、云阳等方志中均有冬水田的记载。

冬水田技术非常适合巴渝地区山地丘陵为主的地形，推动形成了巴渝特色的“塘堰—冬水田”用水过程，冬水田成为塘堰蓄水功能的延伸，冬水田保栽插，山坪塘堰保渗灌，形成丘陵地区水田灌溉的两道防线。冬水田使巴渝东北、东南地区的丘陵顶部、山地陡坡成为旱涝保收的良田[50]，“随地高下，气所贯皆有水，其涌而为泉，注而为溪、为涧，潴而为塘堰，虽梯田架壑，卒乎浸灌”[51]，有效弥补了塘堰之不足，解决了山区种稻的难题。

三、乡规民约为主导的水利设施维护管理制度

历史时期巴渝地区地处偏僻、交通闭塞，明清以来经历数次移民，宗族势力巨大，塘堰等水利工程往往是在国家倡导下、以宗族为基础的基层社会进行建设和管理的。

（一）勒石刻碑，明确产权

传统社会政府治理能力有限，以水利设施为代表的公共服务产品基本是由基层社会的士绅、民众自发组织、自己出资建设的。对于民众自发修建的塘堰，官方往往会以勒石刻碑的形式对出资者的产权予以确认。如乾隆三十二年（1767 年）建成的秀山县巨丰堰，由五户发起集资兴建，立碑告知乡里。《巨丰堰五拱桥古碑》记载：

> 原首杨文臣、栗大化、夏玉卿、杨际塘、袁天柱请示开修巨丰大堰，于平茶里地名水碓岩滩，修砌石坝，接引河水，下流至地坝月旗滴洞三里地土，开垦田丘，升科在案，花费数万金，上增国课，下益民食。有挨五拱桥脚基地，永不准建造店屋，有碍桥脚；沟内堤外不准牛马践踏，有坏堰道；并上段未经堰人均分之田，不得估窃堰水；修砌石坝不得估拆缺口，放木行舟。以上数件均有损予□

堰道、田亩，一经遇获，每行滋论。欲出此弊端，原首前规集议，垂石告白，冀其免修。纵畜、估窃、估折，如有仍前不遵者，秉公取累，休怪言之不先也。特立碑顶告，永为存照。

首人：陈崇仁、易绍周、余克勤、蓝仕国、栗文照、史载伦、杨除太、袁朝海。

□□杨文元、杨秀安

掌平人：戴贵德、刘斌

咸丰十一年八月二十一日值年堰业首人：易克成、杨秀斌、栗大伦、蒋廷光公立[52]

碑文明确了巨丰堰的产权归属，产权人享有用水权，凡没有投资、买入堰田或获得用水许可的人一律不准私用堰水，并不准有阻塞堰道行为，违者进行处罚。塘堰一般都有堰簿，里面详细记载所有享有用水权的田户，如果有堰田买卖，用水权随堰田一起变更，堰簿会及时进行更新。

（二）乡规民约形式的水利法规

乡规民约形式的地方性农田水利法规在乡村社会发挥了主导作用。由于封建时期官方水利法规只是一些宏观的规定，如对水权属于国家的宽泛认定，以及对水权买卖、破坏水利设施、偷水行为的禁止，其实缺乏对于水户权利、义务的具体规范，因此这些乡规民约实际上成为基层社会主要的水利法规。

如秀山县永丰堰于道光十五年（1835 年）公议管理条规 12 条，经过秀山县政府批示，勒石立碑于五拱桥渡槽处，碑文如下：

一议堰道内有分取水之户，协同正直首人至地公分，所分一半以作生息振修堰道之资，不得抗违。

一议堰道遇有崩塌，或照亩派工、派钱，有田者不得推诿。

一议派工以鸣锣为号，一早至堰，违者公罚。

一议沟坎上不准铲挖播种小麦，违者禀究。不得在堰内栽秧，阻塞水道。

一议上段除前分取以及抬外，不得再行分取下源。

一议堰内田丘不许放水媷秧搭谷，违者公罚。

一议挨堰应行抬之田，在于田旁处挖一水塘，照亩将水放入塘灌，不得在正沟内截致害下流。

一议顺堰沟道缺口处，照田亩多少，安平打石凿眼，分水灌济，不得肆行挖毁。

一议上、中、下三段，每段议首人二名，经管堰内事件，三年轮换，赴神庙清算。

一议堰内凡有不清事件，务要公正之人理剖，勿得遽行滋事，违者共同禀究。

一议每年每亩派取水夫工谷十碗，除给水夫外，所余移交首人掌理生息，置买水具工田，不得侵蚀。

一议雇水夫一名，务择强壮勤紧下井之人，不得徇情乱用，致碍堰道。[53]

以上堰规，在充分听取民意的基础上经过官府批准，从而具有法律效力，其内容主要为以下几点：第一，塘堰实行民主管理，由堰户轮流担任堰长，其职责为组织每年岁修、堰道维护、分水灌溉、征收水费、雇佣水夫。第二，堰户权责明确，有取水用水之权，同时承担维修塘堰所需的经费和劳力。第三，对于水源分配、保障堰道顺畅有明确和详细的规定，力求保证水资源分配的公平公正。

（三）用水纠纷的民间调解

乡规民约是经过公议产生的，在基层社会同样具有法律约束力。上文所引《巨丰堰五拱桥古碑》，立碑人是该堰的几户轮值管理者，展示了民间塘堰自我管理的形式。该碑至今保存完好，说明其与官府公告一样具有法律权威，一直被当地人遵守。按照约定俗成的乡规民约，如产生用水纠纷，一般不会惊动官府，而是提交邻里乡亲评议，对公议违规者给予相应处罚。《丰都县辽叶法帖碑》记载：

立出自源［愿］出罚帖人戴裕德：未［为］天抗［亢］阳，戴裕德切［截］李性大埝。凭众理，说裕德情理不合，立出罚帖。后戴姓之业，以［已］卖未卖，不准撤埝道［导］流。自源［愿］上碑。再者，永不准接杨姓大埝通流。如有人接杨姓埝通流，罚钱十千，以作培修埝。莫谓□□光言和不先。

光绪三年六月十六日立

出自源［愿］出罚帖人戴裕德[54]

此石碑至今尚存，位于丰都县龙孔乡九村二组与太运乡四组交界处。辽叶是丰都县龙孔乡与太运乡交界处的一个小溪沟，杨、李、戴三姓各置小埝1条。光绪三年(1877年)，戴姓土地租佃给他人，佃户未经许可截李姓埝道灌田，影响李姓灌溉。李姓邀请乡邻评理，众人都认为戴姓未按规则用水，故罚戴姓赔礼认错，并将罚帖立石刻碑，以儆效尤。

参考文献：

[1]韩茂莉.中国历史农业地理(下)[M].北京:北京大学出版社,2012.

[2]正德《四川志》.

[3]范成大.《范石湖集》.

[4]蓝勇.三峡经济开发的历史反思[M].重庆:西南师范大学出版社,1994.

[5]郭声波.元明清时代四川盆地的农田垦殖[J].中国历史地理论丛,1988(4):77-108.

[6]张廷玉.《明史》.

[7]顾炎武.《日知录》卷12.

[8]万历七年(1579年)刻本《合州志》.

[9]道光癸卯(1843年)《重庆府志》.

[10]张廷玉.《明史》.

[11]道光《广西通志辑要》.

[12]正德《四川志》.

[13]张廷玉.《明史》.

[14](清)《云阳县志》.

[15]光绪《江津乡土志》.

[16]周勇.重庆通史(第一卷)[M].重庆:重庆出版社,2003.

[17]严如熤.《三省边防备览》.

[18]周邦君.地方官与农田水利的发展——以清代四川为中心的考察[J].农业考古,2006(6):30-35.

[19]陈国生.清代四川的人地矛盾、生态恶化及其对策[J].社会科学研究,1995(3):102-107.

[20](清)《四川通志》.

[21]民国《巴县志》.

[22]乾隆二十六年(1761年)《巴县志》.

[23]道光《巴县志》.

[24]道光《巴县志》.

[25]光绪《永川县志》.

[26]道光《永川县志》卷2.

[27]光绪《江津乡土志》卷1.

[28]严如熤.《三省边防备览》.

[29]同治《增修万县志》.

[30]光绪《奉节县志》.

[31](清)《夔州府志》.

[32]光绪《大宁县志》.

[33]嘉庆《四川通志》.

[34]同治《涪州志》.

[35]光绪《黔江县志》.

[36]光绪《南川县志》.

[37]郭声波.四川历史农业地理[M].成都:四川人民出版社,1993.

[38]乾隆三十三年(1768年)《巴县志》刻本.

[39]民国《巴县志》.

[40]同治《万县志》.

[41]四川省地方志编纂委员会.四川省志·水利志[M].成都:四川科学技术出版社,1996.

[42]嘉庆四年(1799年)《眉属志》.

[43]光绪《珙县志》.

[44]郭声波.元明清时代四川盆地的农田垦殖[J].中国历史地理论丛,1988(4):77-108.

[45]叶廷珪.《海录碎事》卷十七.

[46]张芳.清代四川的冬水田[J].古今农业,1997(1):20-27.

[47]周邦君.地方官与农田水利的发展——以清代四川为中心的考察[J].农业考古,2006(6):30-35.

[48]乾隆《罗江县志》.

[49]嘉庆《四川通志》.

[50]重庆市农机水电局.重庆市水利志[M].重庆:重庆出版社,1996.

[51]道光《新修潼川县志》.

[52]重庆市水利局.重庆市志·水利志[M].重庆:西南师范大学出版社,2015.

[53]重庆市水利局.重庆市志·水利志[M].重庆:西南师范大学出版社,2015.

[54]重庆市水利局.重庆市志·水利志[M].重庆:西南师范大学出版社,2015:596.

(本文原载于《农业考古》,2018年第6期。作者为重庆交通大学马克思主义学院副教授,博士、硕士生导师,重庆市水文化专家库成员)

跨界、融合、发展、创新

——水文化、水生态、水休闲博览会的探索实践

王　燕，程得中

水文化是指人类在社会历史发展过程中积累起来的关于人类认识水、开发水、利用水、治理水、保护水、爱护水、鉴赏水的物质财富和精神财富的总和。随着全球经济一体化的持续推进，将生态旅游与水文化相结合，通过博览会等形式集中展示水文化的魅力与价值，已逐渐被许多国家和地区所认可。

2018 年 11 月 3 日，四川省绵阳市仙海区举办了为期 2 天的 2018 全国“水文化、水生态、水休闲”博览会暨 2018 中国（仙海）首届河湖旅游产业发展高峰论坛，以“绿水青山就是金山银山”为办会理念，重点展示水文化、水景观建设、水文化研究成果、水生态发展成就及水利休闲产业，吸引了国内外众多水文化专家、企业、行业协会参与。此次博览会的成功举办为各类水文化协会、企业搭建了交流与合作的平台。通过对水文化博览会的组织模式进行深入分析，可以找寻水文化与生态旅游博览会的融合发展举措，探寻经济区文化与经济相融合的跨界发展之路。

一、水文化博览会的新思路

水文化是以水为载体创造的各种文化现象的总和，是民族文化中以水为轴心的文化集合体[①]。随着现代信息技术的飞速发展，以及城市文化生活品质的提高，将生态旅游与水文化相结合开展博览会已逐步形成以下格局。

（一）时代发展新要求的必然产物

在全球经济一体化的背景下，水文化的传播与生态旅游的推广需要与国内外市场紧密结合，并不断创新，以适应时代发展。采取日渐兴起的博览会形式集中展现水文化与生态旅游，既顺应当前经济发展趋势，又与新时代社会发展的新要求相契合。特别是在“一带一路”倡议背景下，应抢抓机遇打造地方特色水文化，采取多元化形式推动水文化的传播，将水文化与地方生态旅游产业相融合，扩大水文化产业的影响力，将水文化传播融入影视业、出版业、旅游业等相关行业，逐步形成多元化发展态势，使水文化传播与产品推广更加开放。同时，还要及时掌握市场前沿动态，发挥水文化的放大效应，使水文化传播富有地域性、时代性和发展性。

（二）水文化产业发展的必然趋势

随着“互联网＋”的迅速发展，信息俨然已成为决定一种文化传播的关键要素。

---

① 李宗新. 再探中华水文化［J］. 海河水利，2002（2）：53-55.

海量的全球市场信息将通过互联网迅速带动水文化和旅游业的广泛传播。具有地方、全国乃至世界影响力的水文化博览会一方面提高了水文化的传播速度和知名度，另一方面可能会深入挖掘相关行业的发展潜力，带动相关行业和地方经济发展。以此次博览会为例，其作用主要体现在以下两个方面：一是提高水文化融入旅游业的创新能力，充分利用富有本土特色的水生态资源和环境优势，依托天然水景观和历史人文景观，结合地方建设规划和产业园区建设方案，以实现生态效益、经济效益、社会效益三者的统一为宗旨，打造地方水利工程风景区、特色生态旅游景点，进而形成水文化产业链。二是通过举办此次“水文化、水生态、水休闲”博览会，为促进同行之间学术交流、技术研讨搭建了平台，为打破行业、地域、国家的界限提供了新思路，为打造集水景观光、休闲度假、运动养身、科普教育于一体的西部一流水利风景区创造了良好的氛围。

（三）更好地推动水文化研究

20世纪80年代，水环境、水危机等水资源问题是人类面临的最严峻的现实问题之一，据《水利规划计划简报》结果显示，截至2017年12月10日，我国2017年累计安排中央水利建设投资计划达2 551.4亿元[①]。我国政府投入大量的人力、物力、财力用于解决水问题，并取得了较为瞩目的成绩。在水治理过程中，文化因素越来越被重视，水文化发挥的作用广受关注。2006年的第14个世界水日，更是将水文化提到了前所未有的高度，将“水与文化”确定为主题。近年来，一大批水文化研究人员在实践中成长起来，形成了一支庞大的专业研究队伍。研究者们的研究领域和视野也在逐渐扩大，从早期的水利工程、水利遗产等方面扩展到教育学、文学、历史学、社会学、管理学等领域。通过举办水文化和产业博览会，不仅可以增强学者之间的信息交流，加强彼此之间的联系，还可以为不同学科领域的研究人员搭建一个互相学习、共同讨论、展示成果的平台。而形成的研究成果又可以带动水文化的传播及相关产业的良性发展。

（四）为地方经济发展增添活力

会展经济是以各种形式的会议、展销活动为载体，从而带来经济、社会效益的一种经济活动行为，鉴于其规模大、展示丰富、经济效果明显，成为许多政府机构和行业协会产品推广的重要方式。目前，国内会展活动涉及面较广，涵盖饮食、服装、农业产品、工业产品、艺术品等各个领域。相对而言，依托具有特色的非物质文化的专项会展较少。鉴于此，必须要开拓思维，探索融合发展模式，重点开展“水文化＋旅游”专项会展活动，这对会展经济的发展是较好的补充，同时也不断丰富了会展经济的内容。四川绵阳的水文化博览会以水文化传承为主导，旨在充分发挥水文化带动经济发展的积极作用，突出体现为：全面系统地展现了水文化建设、研究与发展等各个阶段的新成果；重点展示了水生态治理与保护的新成就；从旅游的维度展示水休闲产

---

① 数据来源：中华人民共和国水利部网站. 中央水利建设投资统计旬报(2017-12-10)[EB/OL].(2017-12-18)[2019-10-15]. http://www.mwr.gov.cn/sj/tjgb/zysljstztjyb/201712/t20171218_1017841.html.

业的新特色。

二、水文化与生态旅游相融合发展的新路径

2018“水文化、水生态、水休闲”博览会的成功举办，不仅展示了四川绵阳悠久的历史文化，扩大了城市宣传，提升了城市形象，还为生态旅游业、水利风景区招商引资、水资源开发与保护创建了新平台，为更好地做好地方城市生态旅游业和水文化相结合的博览会提供了借鉴。同时，也要求水文化与生态旅游业融合的博览会必须要契合新时代的新要求，跨界、融合、发展、创新将成为未来水文化与生态旅游业发展的关键词。

（一）跨界：多方合作，共同推进生态旅游与水文化博览会发展

为更好地助推生态旅游与水文化博览会的发展，政府及相关部门要加强引导，采用项目运作等方式试点开展水文化博览会活动。政府应鼓励多主体参与，激发水文化、水工程、水生态行业协会的引领作用，举办方可依托专业会展机构进行市场化运作，逐步实现水文化博览与生态旅游跨领域、跨行业的深度融合发展。

1. 发挥地方政府的引导作用

文化产业的传播不仅可以宣传城市文化，还可以带动城市经济的发展。地方政府要做好引导，在政策、资金、安保等方面予以支持，同时还要做好博览会的监管工作，确保博览会发挥宣传地方文化和形成良好的社会经济效益双响炮的作用。

2. 充分发挥科研机构、博物馆的辐射带动作用

生态旅游与水文化不仅是单纯的旅游产业和商品的展示，同时涉及水文化历史、水生态修复与保护以及水利建设等多个方面，要进一步整合专业资源，鼓励博物馆与相关科研机构加入，多方联动协作，将丰富经验、专业知识进行渗透与融合。全面提高博览会整体水平，力争打造层次高、规模大、专业性强的博览会展，吸引相关行业与企业人士，扩大博览会的影响力。

3. 引进专业会展公司参与其中

术业有专攻，由于博览会的工作涉及面广，需要协调沟通的地方较多，单凭一己之力难以胜任。可以根据博览会的主题、定位、规模等，引进专业化的会展运营企业，承接会展的包装、设计、宣传等工作，使主题更为鲜明、特色更为突出，促使博览会取得最大影响力。

（二）融合：充分利用互联网新媒体

随着互联网技术的迅速发展，博览会宣传对互联网新媒体的依赖程度越来越高。据《中国互联网络发展状况统计报告》显示，截至 2018 年 12 月，中国网民规模达到 8.29 亿，全年新增网民 5 653 万，互联网普及率达 59.6%。其中，手机网民规模达 8.17 亿，而全球网民的数量突破 40 亿人①。当前，互联网已经彻底打破了时间和空间的限制，信息的传递更加快捷，并呈现出信息量大、交互性强等特点。因此，通过

---

① 数据来源：中华人民共和国国家互联网信息办公室官方网站. 第 42 次《中国互联网络发展状况统计报告》（全文）[EB/OL].(2018-08-20)[2019-10-15]. http://www.cac.gov.cn/2018-08/20/c_1123296882.htm.

线上线下交互体验的方式能够有效激发参展大众的热情，这种方式也将逐渐成为博览会的主要方式。充分利用互联网宣传水文化展览会，对传播水文化具有极为重要的现实价值。

1. 做好网络宣传与直播

在本次四川绵阳水文化博览会会前，通过地方政府官网、主办方与承办方官网、新浪网等主流媒体与官方网站发布活动方案及宣传新闻，为会展正式举办宣传造势，形成良好氛围。活动期间，通过网络直播、手机小视频等及时反馈活动情况，重点宣传水文化生态旅游、水利工程风景、水生态修复、水环境治理、水污染防治等方面的信息。借助互联网平台不仅可以降低前期宣传成本，提升宣传效果，还可以同步地向世界大众直播活动现场，打破了水文化走向世界的时间、空间壁垒。

2. 引入 VR 技术

VR（虚拟现实）技术是指采用计算机技术为核心的现代高科技生成逼真的视觉、听觉、触觉一体化的特定范围的虚拟环境，用户可借助特定的设备，以自然的方式与虚拟环境中的对象进行交互作用、相互影响，从而产生亲临真实环境的感受和体验①。会展重点在于对与水相关的文化、生态、景区等进行系列展示。这其中，有些可以在会展现场展示，有些则不能在会展现场展示，如都江堰、黄河壶口瀑布、贵州㵲阳河等。在这样的情况下，可以借助 VR 技术，在会展现场建立 VR 体验区，将著名的水景区、水生态、水工程等通过 VR 技术展现出来，让参会人员亲身体验，进而扩大博览会的影响力。

3. 线上线下相结合

为最大程度地发挥博览会的宣传效果，需要将线上宣传和线下展览两种方式有效结合起来。线上通过网络媒体与微信、微博等自媒体发布博览会举办时间、地点、主题、展品范围等信息，以及水文化遗产、水利工程遗址等内容介绍。线下通过视频播放、展厅展览、论坛交流等多种形式展示水文化魅力。采取线上线下相结合的方式能够更生动、直观、形象地将水文化展现出来。

（三）发展：与地方文化相结合，做好城市营销

当前已进入新时代，高品质建设、高质量发展将会为城市建设发展注入新的活力，而高品质的城市文化是打造城市形象、提升城市经济的重要因素。水文化会展作为传播地方文化的重要载体，理应将地方特色水文化与相关产业跨界融合、共同发展，将地方水文化特色与城市推广有机结合，发挥“1＋1＞2”的叠加效应，持续促进水文化健康稳步发展。

1. 中小型城市发展需要做好行业博览会

因资源、环境、政策等多方面影响，中小型城市经济发展受到一定程度的制约，而行业会展借助互联网平台可以提升影响力和扩大辐射范围，冲破时间和空间的桎梏，在某种程度上对助力地方经济发展、提升城市知名度、提高城市影响力、打造城

① 张建武，孔红菊．虚拟现实技术在实践实训教学中的应用［J］．电化教育研究，2010（4）：109-112.

市品牌、助力城市转型具有极为重要的作用。因此，中小型城市一方面需要做好城市营销推广，深入挖掘地方特色水文化，并将其发扬光大，进而带动行业发展；另一方面要做好城市营销错位推广，避免同质化的恶性竞争影响城市形象。

2. 做好水文化持续研究与推广

2018 年 11 月的水博会的成功举办，在很大程度上同城市长期的文化打造和水文化研究息息相关。近年来，四川省加大对水文化研究与建设的支持力度，相继成立了水文化研究中心、蜀水文化研究培训基地、大禹研究中心等科研机构，开展了对有关水与人类社会活动关系的交叉学科的研究，形成了一大批以水文化研究为对象的专家学者，在他们的默默耕耘下，涌现出了一大批科研成果。这些研究成果对地方城市文化传播及城市营销具有极大的推动作用。

3. 积极打造水生态旅游项目

党的十九大报告明确指出，必须树立和践行绿水青山就是金山银山的理念，坚持节约资源和保护环境的基本国策，像对待生命一样对待生态环境①。树立水文化生态观，发展绿色产业，以水文化为切入点，打造水上旅游项目，采用地方民俗特色与水上旅游相结合的方式，实现旅游的综合效应最大化，地方经济逐步向绿色生态型经济发展。

（四）创新：水文化持续发展的源动力

当前，科技的日益进步对社会生产力发展产生了前所未有的影响，全球工业的迅猛发展促使人们的生活质量大为改观，但是我们必须清醒地认识到，全球生态环境的持续恶化使得生态保护已到了刻不容缓的时候，人们必须要像关注生命一样去关注水生态。创新性地将水文化与生态文明有机融合，深入挖掘水文化的精神内核，逐步形成水文化持续发展的源动力，将是水文化研究的突破口。第一，思维创新是基本前提。在创新驱动水文化持续发展升级的进程中，水文化产业是否能够实现规模化、集约化，前提条件是思维创新。第二，管理创新是关键。创新驱动水文化持续发展是一项复杂的系统工程，包括理念、方式、技术、制度等诸多方面的创新，而管理创新是关键环节。重点在对比分析国内外水文化建设与发展的管理新理念，探索适应新时代的新机制、新模式。第三，技术创新是突破口。无论从文化层面还是从经济层面，水文化持续发展最为核心的竞争在产品上，毫无疑问，技术创新是最本质的，也是最核心的。思维、管理、制度等方面的创新实际上是一种基础，最终是为技术创新作支撑与服务的。第四，制度创新是保障。推进制度创新，形成水文化建设管理的制度体系是推进水文化持续发展的重要保障。因此，要紧紧抓住制度创新这个保障，同时，要加强制度的执行力与落实力，确保各项工作与措施落到实处。

参考文献：

[1]靳怀堾.漫谈水文化内涵[J].中国水利，2016(11)：60-64.

① 人民网. 权威发布：十九大报告全文[EB/OL].（2018-03-13）[2019-10-15]. http://sh.people.com.cn/n2/2018/0313/c134768-31338145.html.

[2]习近平.在中国共产党第十九次全国代表大会上的报告[M].北京:人民出版社,2017.
[3]雷维群,周勇.宜居城市语境下的水文化建设途径[C]//中国城市规划学会,杭州市人民政府.共享与品质——2018 中国城市规划年会论文集.中国城市规划学会,2018:9.
[4]张瑜洪.2018"水文化　水生态　水休闲"博览会将在绵阳举办[J].中国水利,2018(17):68.

（王燕任职于重庆水利电力职业技术学院，重庆市水文化研究与推广中心负责人，重庆科普作家协会会员）

綦河记忆

庞国翔

綦河是长江上游南岸的一条重要支流，又名綦江，早前俗称綦水，古名僰溪、夜郎溪、南江，发源于黔北云贵高原桐梓县崇山峻岭的大娄山中，流经黔渝两地桐梓、南川、万盛、綦江等县，在綦江城下游北渡场流入江津后由南向北，左奔右夺，在仁沱镇汇入波宽浪急的长江。綦河全长约二百二十千米，是綦江区内第一大河，江津境内仅次于长江的第二大河。

綦河古老而美丽，明工部尚书江渊有诗赞曰："僰溪遥合大江流，浩荡烟波送白鸥。暮雨半蓑移浦内，夕阳一线挂滩头。鱼穿柳絮好沽酒，竿拨桃花懒系舟。圣代只今召隐逸，何劳频下饵文钩?"清贡士周名祚所著《僰溪》诗，更是赞美綦江景色和人文："涓涓澎湃辟源长，百折滩回下夜郎。黔播峰莲攒万笏，岷峨波会敌三湘。石城古国传巴子，賨语微歌谱汉皇。曲似武夷双桨去，村村烟火望苍茫。"

两诗主要写了綦河下游的美丽景色，诗中所述之事主要集中在下游。这条日夜奔泻的古老之河，沿途走过很多险滩，看过很多嵯峨怪石；奔泻浩荡，形成很多碧潭深沟；由南向北，形成无数的漩流与急流、曲水与回沱。

綦河水流沙坝，记载着一幕幕有大有小有重有轻的往事。这些往事有的被潮涌浪来的时光冲淡和掩埋，有的惊心动魄，被镌刻在岸壁坚硬的石滩上，任凭潮涨潮落，都无法吞噬所留下的痕迹。

一、名字来历各有因

綦河是条古老的河，曾有过几个古老的名字。民国版《江津县志》转引《舆地纪胜》和《省志·古名》说："僰溪在（江津）县东南，源自夜郎，溪又曰綦江曰南江……入江口曰江口，即南江口僰溪口……县在南齐时曾治江……"遂有"僰溪"之名。

綦河为何为僰溪？是因其水可通僰溪。汉武帝曾派使臣唐蒙经益州（四川）巴郡江州县，在现长江与綦河交界的顺江口前十五里的仁沱场取道，沿綦河去夜郎（遵义桐梓县）置犍为郡。夜郎以西、南诏以东，郡内皆僰人所居。水之通僰者为僰溪，道之通僰者为僰道（宜宾）。有人说，綦江古叫僰溪，入江口名僰溪口，真武场綦河下与笋溪河交汇处的洋满嘴又名僰溪乡，所以古代津邑之地属僰地，津邑之人属僰人。清代学者、江津知县曾受一考辨后认为：此是误传，津邑之地之人一直属巴郡蜀郡，不属僰地，津邑只是有水通僰地而已。

早前在僰溪口发掘有新石器时代遗址，此又是南齐江州县治所和汉使唐蒙取道去夜郎之处，今有渡江遗迹。此处已成为江津有名的人文景观和重要历史遗存。

夜郎曾是流放犯人之地。唐代大诗人李白曾被流放于此，当年他离浔阳、过巫山、至万县、穿涪陵、走渝州，最后到达夜郎。这一行途是否可说明李白所取之道沿綦河而去流放之地夜郎？不知李白在江津或僰溪口（江口）可曾停舟住上一宿？

綦河又名南江，是因它有一条支流在南川。名綦河是因此处有綦姓。传说有綦氏三人同榜登科，成为望族，朝廷遂将南川税务市迁至今天的綦江县处，改为綦市。河以姓名，曰綦河，县以江名，曰綦江县，城也以县名，曰綦城。

但是，明代大学者曹学佺所著《蜀中名胜记》中说得明白：“（綦）江发源夜郎，作苍帛色，故名綦。”原来此处是因江水颜色而名，有书为证。

二、客家移民留綦河

在綦河上，留下脚印最多最深并向两岸走得最远的莫过于客家移民。明末清初，西南一隅的巴蜀因长年不断的战争、瘟疫和饥荒，人口锐减。康熙六年（1667 年）江津全县仅 114 户，1 032 人，可谓人烟断绝，遍地哀鸿。于是，当时官府主导了一场持续很久的“湖广填四川”大移民运动。湖南、湖北、江西、广东、福建、陕西等省的客家移民携家带口，纷至沓来，在綦河两岸“插占”为业。真武场就成了涌来巴蜀的客家移民的中心之一。日转星移，真武场留下了世事的沧桑……

当年的客家人“填川”的线路主要有两条：一条是湖广、赣北、闽北的客家人，他们主要是穿过三峡入蜀，到达大本营重庆城，在此稍做歇脚后，绝大多数又继续沿长江而上西行，欲走往成都平原等地。但他们离开重庆城西行的第一站便是江津，进入江津时发现长江南岸有支流綦江及笋溪，这里土地肥沃，地势开阔，于是就有一部分客家人停下，选择在这“两江一河”地带创业。第二条入川线路是粤、湘南、赣南、闽南的客家人，他们沿黔北而行，经遵义入川，进入綦江县。他们入川后所见的第一条大河流便是綦江，于是顺綦江而下寻找理想之地，终于寻找到了綦江与笋溪、长江相交汇处的真武场这块风水宝地。于是两路客家人在这里有意无意地汇合。

历史上川黔间很早就有古道互通往来。明清以来川黔交通畅通，主要交通路线有两条：一是僰溪河道，从江津南下，经綦河，入贵州桐梓而至遵义；二是黔江河道，从涪陵沿乌江，经武隆、彭水达贵州务川、思南等地，此路难通黔北。第一条僰溪河道正是綦江，真武场是河道上的一个大码头，是四川商船进入贵州和贵州商船进入四川的一个中转渡口，是川盐、广柑和黔地棕片、桐油等商品的重要集散地。清咸丰年间，客家人戴登霄在上游东溪购回生铁，在此开办锅厂，相继三代，产业很大，后又发展到多家，扩展到綦城。新中国成立后，綦江县有名的铁锅产业，其端源就是下游真武场。

五湖四海的客家人来到这里，与土著一起耕耘这方富庶之地。真武场因客家人而起，客家人因綦水而兴……这里的天上宫、南华宫、万寿宫等“九宫十八庙”可谓巴蜀有名，古黄葛、古渡口、古建筑、古楹联可谓闻名遐迩。至今真武场仍然有在西南地区属保护最好的客家移民会馆群，真武场成为重庆市唯一处于镇乡的省级历史文化名街区。重庆市政府评出的第一批优秀近现代建筑有 152 个，江津有 7 个，其中真武场就占5个。綦河两岸有民谣曰：“綦河水，浪打浪，前浪打到桐梓坝，后浪打到真武场。”

綦河两岸有着岁月的雪雨风霜留下的沧桑痕迹。在河岸两侧的广兴、北渡等地一些低矮山峦处，有着成堆成堆的鹅卵石，其中可找到海生贝壳类动物的化石。贾嗣场对岸一千多米高的龙蹬山，相传在古代曾停泊过舟船，山岩上至今还留存着竹纤藤勒出的痕迹和篙杆戳出的凹印。人们至今仍会唱那首古老的歌谣：“风吹灯笼团团转，火烧灯笼满天旋。綦水潮天我不怕，变个麻雀飞上天。”

三、血染綦河卷怒涛

这是綦河的一个黑色的记忆。抗日战争时期，綦河畔曾发生过一件震惊中外的惨案，史称“綦河惨案”。1938年春，国民党在武昌设立“军事委员会战时工作干部训练团”（简称“战干团”），以抗日救国为名，招收青年学生入团，加以军事训练。武汉沦陷后，该团撤退到湖南沅凌，1939年该团又迁到綦河沿岸的桥河场、綦城、兴隆场、广兴场、五福场等地。这些青年学生在綦河沿岸场镇和其他集镇进行抗日宣传。战干团属下的忠诚剧团上演话剧《李秀成之死》后，被特务密报为影射攻击蒋介石，宣传共产主义。战干团教育长桂永清报经团长蒋介石、副团长陈诚批准，在全团5 000多名学员中，以清查“异党”为名，对战干团学生进行残酷镇压。到1940年，先后分别在綦江、桥河、湾滩子和江津县的广兴、五岔一带驻地，残杀、活埋学员200余人，其中有任忠诚剧团美术组组长的地下党员胡恩涛，酷刑致残40余人，这就是震惊中外、惨绝人寰的“綦河惨案”。由于江津县和綦江县的地下党组织未与战干团内的抗日宣传活动发生横向的联系，所以两县地方党组织幸免遭受破坏。后来，一个逃出虎口的学生逃到重庆，在《新华日报》上揭露了此事，战干团制造“綦河惨案”的罪行才暴露于世，国民党特务组织受到中外人士的强烈反对和谴责，该团遂于1941年被迫解散。

著名学者、政治活动家章士钊针对这起由国民党特务导演的奇冤惨案，在当时的报上作诗叹曰：“自古奇冤多，大者綦江狱。”

四、綦河是条抗日河

1937年，国民政府西迁重庆，二十九兵工厂随之迁来，兵工厂在生产上所需要的煤炭、铁矿等原材料，都要靠綦河沿岸各县供应，这就必须开发整治綦江，使其发挥更大的作用。

綦河两岸百姓充当民工，积极参加“导淮”，很快完成第一期五座船闸坝建设的施工任务。陈果夫分别命名五座船闸为大智、大仁、大勇、大信、大严。此后又对綦江开展了以“渠化”为主的第二期工程，在綦河上修建石溪口、滑石子、剪刀峡、桥溪口、车滩、五岔六个船闸坝。这些船闸坝建成后可使30吨的船只和汽轮通航。江津境内的桥溪口、车滩、五岔三个船闸坝，是綦河上最长的重力式船闸坝，坝长分别为97.9米、144.9米、105.5米。

此正值全国抗日高潮，为同仇敌忾，鼓舞全国人民的抗战志气，国民政府军事委员会副委员长、著名爱国将军、“丘八诗人”冯玉祥亲自题写了一首“丘八诗”：“中华常胜利，民族庆复兴。道德本忠义，公理在和平。”

为推崇前方抗日将士的英勇，时人遂在此诗的各句前冠以“大”字，作为船闸坝的命名。綦江县境内的石溪口闸名“大中”，滑石子闸名“大华”，剪刀峡闸名“大常”；江津县境内的桥溪口闸名“大胜”，车滩闸名“大利”，五岔闸名“大民”……

綦河上还有一个非常神秘的地方叫鸡公槽，在笋溪汇入綦江的洋满嘴下游。茂密的修竹和苍劲的黄葛将河段及周边山沟掩蔽得严严实实，外人难以探视其中。这是兵工署一厂驻地，厂长陈鉴，有军工 1 100 多人，密造武器弹药，运往抗日战场。綦江人素有反抗和斗争精神。清代张登华为防黔匪沿江入津，在仁沱至广兴江段扎竹为筏，密设河营。又在奔溪口河营大败石达开入川残部“长毛贼”。廖氏家族设局大造“牛儿大炮”（土炮），在綦江沿岸水隘山关修城筑寨，居高布阵，这土炮杀伤力很大。至今陈列在三峡博物馆门外的两门大炮均系江津造，抗战时廖氏还为前方战场制造地雷。綦河是条抗日河，浪花唱出抗战歌。

五、一江如练缀珍珠

幽幽綦河，碧波潋滟。现在的綦河犹如一条蜿蜒飘逸的绿色绸练，上面点缀着美丽的珍珠。綦河上的彭桥、广兴、夏坝、五岔、贾嗣、西湖、清泊、真武、仁沱、顺江等集镇，犹如一颗颗璀璨的明珠镶嵌在江畔上。这些小集镇建设各具特色，或红砖碧瓦，或粉壁黄顶，点缀江畔，使这青山，这绿水，这小城，相交相映，煞是好看。两岸特别有名的是红橘，每到秋季橘红之时，簇簇橘树挂满了火一般鲜艳的橘子，将这原本的青山绿水装点成红、绿、黛相间的山川世界，构成一道迷人的风景线。

今天的綦河，渝黔高速公路、渝黔铁路等或跨江过河，或并江而行，相缠相绕，时并时分……沿岸集镇高楼大厦鳞次栉比，流域内的经济、文化发生了巨大变化。但那不变的淳朴民俗，常唤起人们悠悠的綦河情思，散发出的千古巴渝民风，将永驻綦河儿女心中。

（作者任职于江津区文联）

伟大治水英雄大禹的人生“三部曲”

曹庞沛

亘古的大自然，有春夏秋冬四季，轮回千载。

百年的人生岁月，也照应地分为幼年、青年、中年、老年四个阶段，嬗递一代。

作为华夏伟人，神人合一的大禹，同样也历经了结婚、生子、开创事业这人生中的三件大事。

溯源巴蜀千秋事，结喜禹、娇一代情

《山海经·海内经》记载：“西南有巴国。太皞生咸鸟，咸鸟生乘厘，乘厘生后照，后照是始为巴人。”中华人文始祖太昊伏羲氏，史称“三皇之首”“百王之先”。他带领先民在这片古老的土地上繁衍生息，通过结网罟，提高了人类的生产生活能力，开创了渔牧事业的新时代，带来了华夏文明的先声，为各部落的统一奠定了基础。因此，被尊为“斯文鼻祖”“亘古一人”。他功盖众生，德配天地，其功绩大致可以归纳为：结网罟教民渔猎；养牺牲以充庖厨；尝百草始制九针；种五谷转向农耕；建房屋形成聚落；制嫁娶肇启文明；作甲历始有年月；画八卦以展民用；造琴瑟傩庆升平；龙图腾团结一统。

在原始社会末期，长江上游流域生活着伏羲的后裔——巴人及涂山氏部落。这里层峦叠翠，林木葱茏，藤蔓攀缘，生长着一片名葩异卉，显得静谧深幽。涂山氏起居饮食的场所以岩洞为主，他们的生产方式从采集、渔猎向农耕、畜牧转变，开始了男耕女织的生活，种植五谷，纺织丝麻。于是，这片土地上炊烟袅绕，田畴扬苗铺彩，人们晨作夕归，呈现出一派生机蓬勃、鲜活盎然的景象。

某日，一位伟岸英俊的勇士，奉虞舜治水之令，一路劈山开峡、排堵疏洪来到江州（今重庆），在此地邂逅了一位美丽的姑娘。两人一见钟情，暗相倾慕。于是，他们来往于野外桑林，互诉衷肠。男，禹也，姓姒，名文命，出生于汶山郡广柔县石纽（今汶川县石泉镇石纽山），三十岁而未婚；女，娇矣，本地涂山氏部落族长之女。两人互报家世后，才知是有缘千里来相会。原来禹早已听闻涂山之歌：“绥绥白狐，九尾痝痝。我家嘉夷，来宾为王。成家成室，我造彼昌。天人之际，于兹则行。”而涂山娇平素心中的偶像也正是禹。二人情难自禁，当即约定终身。

禹、娇乃是名副其实的天作之合、地撮之美。二人天地作证的结婚仪式在一座巍峨的高山上举行，为时九天，豪摆喜宴，杀牲宰畜、交杯错觥，宾朋无数、神人共悦，热闹空前。有道是禹、娇的爱情有缘于水，也源于水，更圆于水。

劈山治水千秋业，遂志骋怀一代功

新婚燕尔，禹在涂山聚会各部落族长，召开了联盟大会，《左传·哀公七年》记载“禹会诸侯于涂山，执玉帛者万国”，结成以巴蜀为核心的治水统一战线，壮大了治水力量，将施展更大的雄心壮志和抱负，也同时进一步奠定了天下治水事业的基础。

有了妻子的支持、家庭的支撑、妻族的支援，禹更以治水为己任，新婚四天后，便告别妻子外奔天下，沿巡各地，治理九河，开始了他轰轰烈烈的治水生涯。

禹治水时，身系两件法宝。一是别在腰上的神斧——“斧，斫也，从斤，父声”，作为一种劈砍工具，神力无边；二是拿在手中的神钯——钯，器也，从金，巴声，是一种独特的坚硬的铺筑工具，具有神效。

禹出发前，涂山娇为他收拾行装，协助做好了一切准备，并把神斧拿到山顶上去磨锋利，谁知这一磨，却把山峰磨出个垭口来，这就是今天的黄桷垭。

禹来到30余里外长江的一个急流处，一座大山横挡面前，江水至此被阻。洪水滚滚、汹涌澎湃，不能畅奔。百姓们纷纷爬到峰顶避难，被困于山上无法下来，急待救援。原来，这座山为女娲补天时一不小心掉下来的一块石头，经七七四十九天才落在地上，又经过三千三百三十三年岁月的滋养，长成了高山。禹此时焦急万分，只见他挥舞双臂，充运神气，一瞬间化为一个比山还要高的巨人，手中的神斧也变成一把巨斧。他将巨斧高举过头顶，猛力向大山劈去，只听到一声轰鸣，震耳欲聋，大有天崩地裂之势，那座山已经被劈为两半。江南的一边叫放牛坪，层峦叠翠、草木茂盛；江北的一边叫铁山坪，怪石嶙峋、林木葱郁；中间凹陷出一道峡口，长约4 000米，宽约二三百米，当即让江水喷涌而出、滔滔泻放。后来，由于峡窄水猛，船只常常被惊涛骇浪掀翻，禹又去天庭求助，取了3个神铜锣来安放，凡逢江水大涨，铜锣就会自动响起报警声，告诫过往船只不可通行，以避免翻船的危险，“铜锣峡”因而得名。在开峡的同时，禹还拿起神钯变成的巨钯，在峡口挖了三钯，再拓水道，建起堤坝。第一钯筑成了上坝，第二钯筑成了下坝，第三钯在前两钯的土石基础上垒起了一个小山峰，形成一个江心岛，因地处在涂山之阳，人称“广阳坝”。

在此地登高俯瞰，劈山的痕迹至今还隐约可见，水道狭窄如劈口，地势奇险似筑物。禹劈山时，脚踩两岸，因用力太大，留下了很深的脚印，其右脚踩出的就是北岸郭家沱，左脚踩出的就是南岸牛耳沱。

禹的治水事业中，“斧”先开得胜，“钯”初战告捷。这既显示了鬼斧神钯的威力，同时也为他赢得了传誉千古的尊称——大禹。

从此，大禹在这里跨出盆地，继续踏上了他伟大的治水征程——破三峡、引水出川，开山劈道、梳理百河，导小河之水入江、导大江之水入海，消除水患，造福华夏。

在历史的长河中，大禹除了是一个治水劳苦的英雄外，也是一个治世功高的开拓者。他以非凡的远见卓识、勇猛的胆略和大义凛然、一往直前的精神，征伐三苗，重划九州，定天下疆域，建号旗、兴图腾，整合部族，促进多民族融合，是中国第一个王朝——夏朝的奠基人。司马迁在《史记·五帝本纪》中记载贤能的功绩时，指出："唯禹之功为大，披九山，通九泽，决九河，定九州……"舜高度地评价了大禹所创建的功业："能成治水之功，行声教之言，成就最大。勤劳于国，尽力沟洫；节俭于家，卑宫菲食；谦恭而不自满，可谓贤才之最；备受赞美而不骄，天下无人敢与之争能；不尚征伐而战绩斐然，天下无人能与之争功。"

痴情化爱千秋石，子启开朝一代君

斗转星移，数年过去了，相思成疾的涂山娇想夫心切，常一个人来到南天门古道旁，在这里垂泪不止，后人在她哭泣的地方立了一块石碑，上刻"禹妻涂山呱呱哭泣处"。每当此时，禹的丈母娘也来到长江岸边（今龙门浩处），翘首期盼上门的女婿能早日返回。日月更替，年湮代远，终还是江水茫茫，不见归影，于是，她就在这里筑起一座"望儿楼"，以死相守，直至去世。后来人们把此楼讹叫为了"望耳楼"。

大禹在外"疏九河，瀹济、漯而注诸海，决汝、汉，排淮、泗，而注之江……三过家门而不入"，涂山娇一直等不到夫君，长年累月下来，索性来到涂山下长江与嘉陵江汇流处一块巨大的礁石上，日日呼唤："回来吧，夫君！"后又寄鹧鸪昼夜鸣叫。她的情感日月作证，令山河动容，她融入了大自然，具有了永恒不朽的生命——化为一块巨石。清代修编的《巴县志》记载："朝天门江心巨石，昔时鹧鸪多集其上，钩辀格磔，啼声到晓，一名鹧鸪堆，或曰本名遮夫堆，又名望夫石，涂后故迹也。"这就是人们所说的呼归石。

在民间传说中，大禹疏通九河后回到了江州，知道妻子已化为呼归石，便对着石头痛哭流涕，大喊一声："启！"石头应声启开，里面有一个男婴，禹给他取名为启。禹死后，由启继位，世袭制代替了禅让制，开创了"家天下"的传统。

（作者为东方文化馆重庆分馆馆长）

江津水码头

——川江上回旋的岁月长歌

施迎合

江津，巴蜀古邑，长江要津。大河气势磅礴，小溪婉约清幽，构成了这方水土特有的高雅气质。散落在娇美的山川河畔的一个个水码头，则像叠涌的浪花间起伏激荡的音符，回旋的尽是漫漫岁月浸润的跌宕历史长歌。

凝视着流淌千年的江津长河的疏影，294 公里的通航里程里，有张献忠顺水东下攻占重庆城的舟舸帆樯，有英法炮舰由县境西上而席卷起的漫漫硝烟。民国十九年（1930 年），有江津县人首开江津轮船公司，开江津人击水弄潮之先河；民国二十四年（1935 年），民生公司在县城等 3 处地点设置趸船，江河水运自此风生水起。县城、白沙江岸停靠的过往木船延绵数里，引得诗人吴芳吉即兴歌吟："风帆密似鸟归巢。"可见当时江津水码头之繁盛。

抗日战争开始后，水上运输日益频繁。得天时地利人和的江津水码头，更是担当起了战时运输的重任。据《江津县志》载："民国二十八年，长江木船比民国二十六年的 305 条增加了 1.3 倍。"滚滚东去的长江水，横贯江津 118.5 公里，以炽热的爱国之情，融入华夏奔涌不息的浩荡血脉。

江津县境有颇具规模的港口 5 个，大小码头 96 个。1952 年，成渝铁路通车，朱杨、白沙、油溪、几江、珞璜的港口建设得到加强。地处长江上游、江河之滨的江津水码头，终以崭新的面貌呈现出耀人的风采。

朱杨，长江入津第一港

朱杨，是万里长江"上川江"河流重要的一段。长江由西向东流经朱杨镇境内 7 公里，成为朱杨镇与石蟆、白沙两镇的天然分界线。朱杨镇境内长江江面宽阔，流量大，航运极为方便，还有溶溪河（亦称朱溶溪、临江河）、苏堰河、梅渡溪等大小河流数条。这些河流不仅让朱杨因水得名，更让朱杨有了靠水而生、临江而兴的便利条件。1952 年，紧靠成渝铁路的朱杨，逐步发展成为江津有名的水陆联运码头。

朱杨港的兴盛，还与一段历史相关。20 世纪 60 年代中期，国家出于国防战略的考虑，大力实施"三线建设"，深处祖国腹地、有着天然大山大水的重庆遂成了首选。全国兵工系统中最大的航运企业——川顺转运站，也在当时"备战、备荒、为人民"的大背景下应运而生。川顺转运站依托地处四川、贵州、重庆的中心地带、长江之滨的优势地理条件，承担了国家重点能源企业——泸州天然气化工厂等军工企业所需战略物资的中转、储备任务。在那个特殊的年代，朱杨码头上一座座高耸的装卸塔吊和一艘艘铁驳趸船巍然排列，装满化肥、液化气和战略、科研物资的江轮在宽阔的江面上乘风飘荡、破浪启航，长如铁龙般的火车则轰鸣着在江畔和陆地之间来往穿梭……这样的情景在当地人看来已是见惯不惊。

如今，随着时代的推移与变迁，朱杨码头上更是聚集了江顺储运、畅顺化工、高通物流、华垠港埠等企业。铁路接卸、储罐仓储、公路接卸、港口装卸等四大功能板块正式投入运作。由此可见，朱杨镇倾力打造的临港经济定会有一番大作为。作为长江入津第一港的朱杨，当会如画卷铺展，似时代壮锦。

深水良港中白沙

伫立于滔滔长江之滨的江津白沙古镇，距重庆市区约135公里，上接叙泸，下通渝涪，南驰黔滇，北走永璧，交通便捷，经济繁荣，素有“天府名镇”和“小香港”的美称。

白沙港由南北两岸码头构成。港区南岸上起马项垭，下至白沙糖厂；北岸上起滩盘轮船码头，下至白沙火车站，岸线总长5.25公里。

因地处长江要冲，在明清时期，白沙已是名闻遐迩的川江水码头。若究其因，“白沙，为四川省著名巨镇，产酒最富，商贾云集，又为川盐销黔运道”。那时的白沙江面，船舶往来穿梭；码头帆樯林立，挑夫脚夫喊着“嘿佐嘿佐”的号子，轻盈如飞燕般奔忙于块块跳板上。空气中飘散着浓烈的酒香，正应验了那句“江津豆腐油溪粑，要吃烧酒中白沙”的俗语。

白沙码头还记录了一段光荣的历史。抗战时期，因陆路交通不畅，水运通道则成了那个特殊年代的黄金要道。国民政府众多机构、工厂、学校迁至白沙，所需物资上泸州，下重庆，小小码头承载起了中华民族抗日救亡的重任。使白沙拥有了“最爱国市镇”的称誉。

如今的白沙已为长江上游的国家级第一深水良港，是渝西水陆交通枢纽和江津西部经济、商贸、文化中心，其码头的作用愈加明显。

油溪，长江著名古渡口

油溪位于江津西部，古为巴国地，历史上曾有乐城县、石羊镇之称谓，亦为江津最早的古县城。

油溪因临江傍水，早已是长江沿岸颇有名气的水码头，江面上不仅白日舟楫往来穿梭，夜晚水码头上更是帆樯林立，渔火闪烁，一片繁华景象。在靠近水码头的一条青石竹篾老街上，全是加工食用油料的作坊，这些大大小小的油坊所产之油，均通过长江水运运往各地。力夫们每日都要头缠白巾，腰扎裤帕，脚蹬草鞋，肩扛抬杠，“嘿哧嘿哧”地喊着粗鲁的力工号子，抬着笨重的油桶走向江畔的船舶。久而久之，那条由块块青石铺垫的路便被一滴滴漏下的油所浸渍，油光闪闪，人走在上面稍不注意就会打滑、重重地摔倒；而那靠近码头的江面上也漂浮着一层厚厚的油。这也是“油溪”这一地名的由来。江津人江渊曾咏江津“前、后八景”诗，其中在“后八景”诗中有一首名曰“石羊晚渡”：

落日苍茫古渡头，几人相聚立沙洲。
萧条行李无知己，浩荡烟波少济舟。
隔岸晚吹明夜火，谁家寒杵动清秋。
此时名利心虽壮，风雨何堪起暮愁。

油溪码头岸线总长 3.3 公里。港区上起麻纱桥，下至张家沱，总面积 72.6 万平方米。码头由民国时的 4 个发展至现在的 8 个，泊位 8 个，为客货两用水运码头。昔日长江上著名的古渡口，依靠“水公铁”的天然优势焕然一新，成为江津不可替代的水码头。

长江要津几江港

几江港，为江津县城水运门户，称其为江津著名水码头当不为过。

几江港由兰家沱、德感、中渡、几江等码头组成。港区岸线总长 11.2 公里，北岸由古家沱下经兰家沱、火车站、德感至中渡；南岸上起五举沱，下至东门公园。港区陆域面积 44.8 万平方米，水域面积 168 万平方米，有码头 14 个。其中，兰家沱港埠码头主要为散货、杂货、混合货运码头。地方交通部门管辖的主要有省轮船江津趸船浮码头、上沙嘴、嘉惠门、东门茄子、米帮沱、江津轮渡、德感、中渡轮渡浮码头等，设泊位 22 个，岸线长 630 米。

几江水码头以客货两用联运闻名。在江津长江大桥未建成通车以前，长江作为天堑横亘在南北之间，两岸百姓往来全凭轮渡过江，以至很长一段时间，江岸上呈现出江轮伴着晨钟暮鼓、载波劈浪、循环往返的动感景象。在几江水域，则是千帆竞游、百舸争流，水运繁忙。特别是每到夕阳西沉、夜幕降临之时，码头上更是点点渔火闪烁，舟楫帆樯林立，劳作了一天的水汉子们在船上架起锅灶，点燃柴火，把从江里捕捞到的大河鲜鱼剥鳞、去腮、剁成块，然后放入加有泡椒、酸菜、老姜、花椒的鼎锅里煮熟，端着大碗烧酒，猜拳行令，大快朵颐，那香味儿像长了翅膀似的乘着袅袅江风飘散开来，码头上便有了另一番别致的风味。

而今，随着大江上长桥飞跨，彩虹悬空，几江码头虽没了往昔汽笛长鸣、轮船竞渡的火热场景，但滨江路上花树繁盛、游人徜徉，江畔游船航行、美食飘香、霓虹闪烁的现代美好人居景致，更让作为长江要津的几江水码头恍若江津的“外滩”。

珞璜，崛起的千万吨枢纽港

珞璜向来为江津著名港口。港区上起猫儿沱，下至珞璜，岸线总长 17 公里。港区陆域面积 45.5 万平方米，水域面积 109.2 万平方米，有码头 10 余个，其中，建于 1978 年 5 月的猫儿沱港承担着贵州磷矿和赤水天然气化肥厂尿素的转运业务，是西南地区机械化程度最高、通航能力最大的散货中转码头，有 12 公里专用铁路与川黔铁路小岚垭车站接轨。

珞璜港之所以出名，缘于其地处重庆主城区西南边缘长江之滨，三峡库区尾部，江津区东部，与巴南区接壤，与大渡口、九龙坡区一江之隔的特殊地理位置。加之矿山资源丰富，江津水泥厂、华能珞璜电厂等重点企业聚集，“黄金水道”自西向东纵贯全境的优势凸显。

近年来，随着国家建设“一带一路”，推动长江经济带发展已成为国家发展战略。珞璜具有建设枢纽港的优势。从水运条件而言，长江珞璜航道顺直，常年通航能力为单船 3 000～8 000 吨级，靠泊能力均为 3 000 吨级以上，靠珞璜一侧的长江岸线，河岸为凹形地质，水深、地质稳固，是难得的深水良港。从交通配套而言，珞璜港有铁路专线与渝黔铁路相连，紧邻绕城高速公路，具有“水公铁”联运优势。珞璜铁路综合物流枢纽建成后，珞璜也将成为渝新欧国际铁路的始发站之一，与沙坪坝团结村铁路中心站形成南北互补格局。

可以预见，珞璜千万吨级枢纽港建成后，将成为重庆市重要的开放口岸，极大地促进江津及周边地区的外向型经济发展。那时的珞璜码头将巨轮来往，长笛欢鸣，铁塔高耸，塔机旋转，列车飞驰。这一幅气象万千的长江枢纽港美好蓝图展现出新时代的灼灼芳华……

（作者为江津区作协副主席）

山环四面水润八方　人文荟萃辉耀奇彩

——江津人文精神的概括和提炼之我见

王宗麟

江水几弯绕，流过我家门，这就是生我养我的家乡——江津，山川织锦绣，沃土育甘醇，造就了豪爽的百代子孙。千古风流地，人文荟萃城，出了个顶天立地的开国元勋。江津是个好地方，山好水美人更亲!

“江津是个好地方!”这是聂荣臻元帅赞美家乡的一句话。魏传统将军不是江津人，却为这地方写下了“谁知仙境在斯处，历有文章未解题”的诗句。民主人士冯克熙先生游毕四面山，霖雨之中，忍不住饱蘸墨汁，即兴挥毫道：“苍茫林海纵千古，青葱世道自而今。最是民风醇若水，荒肆材姑出有情。”联友赞曰：“一山巍立，几水环流，烟柳迷莺歌锦绣；百寿驰名，长联遗韵，雅风醉客话兴隆。”可见，江津之好，确乎是有目共睹、有口皆碑。

一个地方的好，通常又包含着人文与自然两个方面的含义。如果说江津古为巴国属地，南齐永明五年（487 年）建县，已有 1 500 多年的历史，仍不能见长于其他地方的话，那么，生于斯长于斯的明代工部尚书江渊、“中华联圣”钟云舫、被郭沫若誉为“白屋诗人”的吴芳吉、辛亥革命烈士卞小吾、国内著名文艺评论家钟惦棐、文物收藏家李初梨、世界知名航空技术专家沈永忠……他们则无疑使这块 3 200 平方公里的土地，以人杰地灵而著称。

江津历史悠久、文化底蕴深厚，人文荟萃、诗书繁盛，素有“文化大区”和“文化重区”之称。江津发展始于秦朝，至隋“以斯地在江之津”为名“江津”，距今已 2 600 余年。悠久的历史孕育出厚重的文化，也培育着江津的人文精神。早在新石器时期就有先巴民族在此活动，创造出先巴文化。聂荣臻故居、陈独秀旧居和原墓址、江公享堂、长联阁、奎星楼、朝源观、会龙庄以及骆来山、黑石山、莲花石、滚子坪、清溪沟、鼎山、石门大佛寺和碑槽山溶洞群等，都是引人入胜的人文和自然景观精品。

江津境内江河纵横交错，均属长江水系的上游干流区，大小江河溪流 209 条。其中，流域面积大于 30 平方公里的河流有 27 条，流域面积大于 200 平方公里的有 7 条。江津的 30 个镇街，有 26 个镇街都依江河而建，沿长江的就有 11 个镇街，有 16 个镇街的名字背后都有一段与水的乡愁故事。王爷庙遗址地处江津东面，是长江、綦江汇流处。临江河、璧南河、塘河、驴子溪等溪河汇流入长江。几江半岛西、北、东三面环水，南面通陆，沿鼎山绕了一个“几”字形的硕大弯弓，故江津又名几江。荣臻几江，独秀鼎山。以鼎山为代表的山、以几江为代表的水，构成了江津独特的地域风貌。

一方水土养一方人，仁者乐山，智者乐水；山静水动，山因水活，水因山秀，水远山高。鼎山，仁厚高远，坚定沉稳，千年不屈，万年不改，这代表着我们江津人的目标、信仰、理想像鼎山一样坚定沉稳。几水，奔腾不息，从不懈怠，一往无前，随机应变，读懂了几水之机警，就会让我们江津人变得聪明、能干、机敏。鼎山、几水构建了古老江津基本的山水格局，长江、綦江等江河是江津文明的摇篮。江津文明因水而生，江津先民在长期的与水相伴、相争、相合的历史实践中，探索并积累了博大精深的水文化，也逐步形成了代代相传、生生不息的人文精神。

一、江津水文化起源地理条件

江津拥有良好的自然生态环境，自古就有“地当扼泸渝、控涪合之冲；接滇黔、通藏卫之隘。四顾葱葱郁郁，俱围入画江城”的诗句来赞美其自然地理条件。

江津早在新石器时期就有先巴民族活动的遗迹，长江水道又成为它得天独厚的对外交通廊道。因而，江津的地理坐标是江津的文化原点，是巴蜀文化交融最激烈的地方，又依着长江从巴蜀文化的交融走向多文化的融合。难怪有人说，巴文化的铁血刚毅和蜀文化的儒雅平和在江津人的耿直果敢与冷静宽容中有迹可循，这就是江津的水文化基因的起源。

江津为水陆要道，自古发展繁盛，清光绪时已坐贾近万家，沿水道逐渐聚集为繁荣古镇。“白屋诗人”吴芳吉以“风帆密似鸟归巢”吟唱当时舟楫的盛况。数百年来，江津都是长江水路转旱路的中转站，也是内地通往川黔的“咽喉”，因而江津的古道有双重内涵：一是水，二是山。水道连渡口，陆道通驿站。明清时期的古道、航运的分布格局基本上是“三纵一横”。“三纵”有东纵、中纵、西纵。东纵就是途经江津的高歇、杜市、广兴的这条道路；中纵就是沿笋溪河南北走向的水路，进入贵州境内；西纵就是从德感山王庙，往南到圣泉寺、石佛寺，接下来到江津城区，及至当时的僰溪水驿，再往南到李市、中山、四面山，继而进入贵州。“一横”以长江航运为主。在水路上，江津地区从长江流经綦河、笋溪河，串联白沙、塘河、真武场等古镇。当时官设四座水驿站：汉东水驿站、石门水驿站、石羊水驿站、僰溪水驿站。走陆路的话，从江津航运至中山古镇、四面山镇，至此水路转陆路，既有跨越天险通川黔的茶盐古道，又有入长安的荔枝古道。

川黔古道，水陆要道，湖广移民，优越的地理条件和频繁的历史变革，促就了江津多元化的文化性格。从山到水，从古到今，从先巴文化到书院文化、移民文化、名人文化、楹联文化、古镇文化、抗战文化、协会文化、民俗民间文化、饮食保健文化、文物古迹文化，从柑橘之乡到工业救国，历史赋予了江津丰厚的财富。

二、江津水文化内涵解读

（一）书院文化

“耕读传家，诗书济世”是江津人在无数次文化的交融碰撞和长江经济带的繁盛过程中逐渐形成的价值观和人文内涵。

江津人历来有喜好读书学习的习惯。“耕读传家，诗书济世”是江津早年间城乡中非常推崇的一种家庭教育模式。在宋、元、明、清时，江津地方官吏如冯忠、曾受一、国璋等人也是非常重视文化教育的，曾受一设“劝学所”、国璋设“国璋课”等行为被传为佳话。江津人在农耕之时，首先想到的是子孙后代的教育问题，把对子孙的教育看成是振兴家族的第一要务。当时，出个秀才就是一个家族的骄傲。

楹联圣人、诗情满怀的文学家、近代反帝反封建和追求民主进步的思想家钟云舫在《振振堂文稿》中载，其父亲告诫钟云舫：“人生斯世，男子应振其纲，女子应振其节，父子兄弟之间应相互振刷。”“少年当振精神，振志气；中年当振家声，振名誉；晚而得志，当振纲常……中国人情泄沓，人心颓丧，苟得藉手焉，则振乾坤，振气运，一一须振也……重重之振作，望在后生。岂在公族之多哉？我支那之不振久矣！汝少年，当好自奋也……”其父将振兴的夙愿，由人到家，由家到族，由族到国，大大深化了塾师起初对振振堂命名时的内涵。少年钟云舫，深受其父亲“家国情怀”的教诲，“跪而聆之不敢忘。……以期振羽风云，为我中国振新世界，振饬文明。……乃振铎于乡里”。其父亲的人生理想与古代文人高度统一，简而言之就是一句话：达则兼济天下。通俗点讲就是：要好好学习，争当为国尽忠的公职人员。

江津文化教育在巴蜀各州县中起步较早。北宋宋英宗治平元年（1064年），江津建成文庙，这是重庆境内最早的文庙。文庙又叫学宫，接收经过考试并合格的士子读书，参加上一级的科举考试。在此之前，宋真宗咸平元年（998年），江津人毕申考取了进士，这是重庆地区史载的第一个进士。北宋大中祥符元年（1008年），江津知县冯忠创办五举书院，相传有“五子登科”，这是重庆地区最先出现的书院，是江津官办的藏书和讲学之所。宋天禧年间（1017年—1041年），县人又在县治西150里的牛心山（石蟆境内）开设南山经堂，这是史载的重庆地区第一所民办书院，在这里读书的张弦考上进士，后来当上了湖广总领。江渊因读书中榜进士，当上工部尚书，后告老还乡，教授乡童。后来江家代代都有举人、状元、秀才产生，这对全县影响颇深。北宋时，大文人苏轼的长子苏迈率本家族迁居江津，定居在江津圣钟里。南宋中期，“诗圣”杜甫的十三世孙杜莘老率家族迁入江津清泊场。“苏杜”是进士，是当时的大文人，他们到江津大办学堂，设塾馆，四处讲课，教授乡童，对全县产生了极大影响。元代重庆府考取进士共13人，江津占5人；明代重庆府和巴县考取进士112人，江津占28人；清代重庆府和巴县考取进士20人，江津占9人，并且均名列前茅。江津旧时有许多书院。宋有五举书院、南山（牛心山）书院（经堂）等，明有栖清书院，江渊少时就在此读书，后来江渊从京师告老回乡后，在梅子溪建起了梅溪书院，在楼台山建起楼峰书院。清代又增加了官办的几水书院。道光以后有私办的聚奎书院、育才书院、双峰书院、志城书院，莲峰书院、桂林书院、余庆书院、凤鸣书院、文峰书院、钟山书院、清风书院等。江津是重庆府中书院最多的县，特别是聚奎书院、几水书院，在四川特别有名。这些书院，在清末时都改成小学堂或中学堂。聚奎书院就是现在的聚奎中学的前身，几水书院就是现在的四牌坊小学的前身。

（二）移民文化

长江水道和川黔古道交汇的便利交通区位条件，使江津成为历史洪流中的一个重要节点，巴蜀文化海纳百川，包容了汉文化、客家文化、近现代沿海地区文化等多元文化，衍生出内涵丰富的江津移民文化体系。

江津是典型的移民地。现在的江津人，上推不过八代，有85%以上不属江津土著。他们多是在明末清初从湖广省麻城县孝感乡或福建省汀州府或赣、粤、黔地移民而来的。移民文化与江津本土文化特色的形成和发展有着十分密切的关系，并对今天江津人的精神状态、性格品质和人文精神的形成产生了深远的影响。

在江津历史上，有三次移民运动对江津产生过巨大的影响：第一次是“湖广填四川”运动。历史上曾经发生过两次“湖广填四川”运动，一次在元末明初，一次在明末清初的。明末清初“湖广填四川”运动其意义更为重大。明末清初，由于历经战乱，巴蜀人口锐减，劳力奇缺，土地荒芜。清政府开始实行“湖广填四川”运动。当时湖广移民入川的线路有两条，一是穿过三峡入川，二是沿黔北经遵义入川，这两条线路的许多重要支路在江津汇合。于是移民涌到江津，使江津的经济得到了快速发展，移民建起了学校和会馆。第二次是在抗战时期，江津成为沦陷区的“迁建区”。沦陷区的高校和文化机构以及文化名人纷纷内迁到江津，形成了全国知名的津沙文化区。第三次是“三线”建设时期的内迁移民。1964年至1980年间，数十家大中型国防兵工企业迁建江津，为后来江津的企业发展和“工业强区”战略奠定了基础。

以湖广省麻城县孝感乡为主的移民文化，在与江津本地文化的不断融合中逐渐形成了新的江津地域文化，增强了江津地域文化的多样性和包容性。

在“耕读传家，诗书济世”的书院文化和移民文化内涵的相互影响下，求知求进、爱国爱家和多元包容作为江津人的精神基底，渗透至江津的经济、社会、文化发展的脉络中，构成了江津的文化体系。

（三）名人文化

在江津这块富饶美丽的土地上，我们的祖先世代繁衍生息，人口逐步增长，由1949年的86万人增长到2017年的150万人。江津人才辈出，灿若群星。江津人民为自己的生存和幸福改造大自然，在向落后与反动势力作斗争的过程中，涌现出许多可歌可泣的英雄、模范、科学家、革命家、思想家、政治家。他们为人类社会的进步、为科学的发展及生产力的提高做出了巨大的贡献，为江津这块英雄的土地和人民增光添彩。2003年，重庆市人民政府组织开展评选历史名人活动，从先秦到现代这2 000多年间的历史中评选出100名本籍历史名人，江津有10人榜上有名，占总人数的10%，列重庆市40个区县中的第二。

这10位名人分别是：明工部尚书江渊（1400—1473）、“天下第一长联”的作者钟云舫（1847—1911）”、被追赠为“辛亥革命烈士”的卞小吾（1872—1908）、国民党左派活动家漆南薰（1892—1927）、重庆和四川地区共产主义运动先驱者冉钧（1899—1927）、“白屋诗人”吴芳吉（1896—1932）、无产阶级革命家与军事家聂荣臻（1899—1992）、无产阶级革命家与文物收藏家李初梨（1900—1994）、革命烈士谭祖尧（1902—1927）、著名文艺评论家与电影美学理论家钟惦棐（1919—1987）。

（四）楹联文化

楹联是中华传统文化的重要组成部分之一，创作楹联是江津区民间最受欢迎、使用率最高、地域最广的民俗活动。江津区群众的楹联创作可追溯到800多年前，现在江律的楹联遗址遗迹可达250多处。在清代，江津上至官府衙署、显达贵人，中至社会法团、塾师秀才，下至茶客酒徒、抬夫走卒，都特喜题联作对。在以春节为主的各个节庆日，家家户户、各行各业必张贴楹联。除此之外，红白喜庆、婚丧嫁娶、开业庆典等活动都必张贴楹联。钟云舫是江津清末秀才，除著有1 612字的“天下第一长联”外，还刊行有《振振堂联稿》四卷，创作了5 000多副楹联作品，其中100字以上的长联达30多副。钟氏楹联，嬉笑怒骂，入木三分，精品迭出，钟云舫被今人誉为“联圣”。除“联圣”在江津外，“天下第一长联”在江津，“天下第一奇联”——四面山朝源观对联也在江津。江津区被中国楹联学会授予“中华楹联文化城市”称号，这是重庆市唯一获此殊荣的区县。江津区现有楹联学会1个，分会3个，楹联学校3所。2012年，江津楹联民俗经重庆市政府批准，入选市级“非遗”名录。《“联圣”钟云舫与天下第一长联》专题项目被国家文化部列为全国文化共享工程项目。

（五）古镇文化

古镇文化是江津重要的特色文化之一。重庆市现在有国家级历史文化名镇18个，其中江津就有富有民俗文化的塘河古镇、素有“商德古镇、人文中山”美誉的中山古镇、千年巴蜀名镇白沙古镇，另有庙会风情享誉渝川的市级历史文化名镇石蟆镇。此外，江津还有市级历史文化名街区真武场。

（六）抗战文化

抗战文化的形成具有其特殊的历史背景。1938年，国民政府机关由南京西迁重庆作为陪都后，位于重庆西边的江津县被确定为疏散区（迁建区），吸纳内迁的安徽等省区的学校和文化机构，从而形成了抗战时期后方四大文化区之一的津沙文化区。抗战文化遗产是中华民族宝贵的精神财富，重庆市现存抗战遗址395个，主要集中在“一岛三山三坝”（渝中半岛，歌乐山、南山、缙云山，沙坪坝、江津白沙坝、北碚夏坝），江津区有抗战遗址30处，成为重庆市除主城区以外抗战遗址最多的区县。江津区的抗战遗址主要集中在白沙镇和几江城区。抗战时期，国民政府审计部、中央图书馆国立编译馆、国立女子师范学院等一大批文化机关和学校先后迁建白沙。

（七）长寿文化

江津区长寿现象源远流长。生态宜居地，和谐长寿乡。在追求生命质量的今天，江津区的长寿现象犹如一颗璀璨的明珠，闪烁在巴蜀大地上，辉耀着厚重的长寿文化。由于受儒学文化中“仁者寿”“大德必得其寿”“仁者爱人”等一系列思想的熏陶和浸润，长寿文化积淀深厚。有记载的百岁寿星最早可追溯到南宋时期，且此类现象绵延不断。在柏林镇发现的白鹞沟石室墓，便是一座南宋寿星墓。此墓位于柏林镇东胜村，墓道长2.8米，宽1.36米，高1.4米，由石板叠砌而成，内刻“龟、鹤、寿山”字样。墓室处右刻“大宋庆元辛酉”，左刻“程氏百岁寿堂”。在其他镇街志中，也有对宋、明、清寿星古墓、百岁牌坊等文物的记载，可查见民间百岁寿星在各时期的延续和发展，为江津区孕育出丰富的长寿文化。

根据以上江津水文化起源地理条件和水文化内涵解读的分析，从历史脉络、地理优势、人文特征，可以将江津区文态定位为：千年浸润、文华之地、大江之要、多元江津。也可以理解为：千年历史古城、巴渝文化要地、多元的文化类型、豪迈的文化性格、融合的文化氛围、精致的文化品位。具体体现在书院文化、移民文化、名人文化、楹联文化、古镇文化、抗战文化、长寿文化等文化名片上。不难看出江津的文态定位源于江津的水文化，可以这样说，江津的水文化是江津文化的母体文化。江津文化因水而生，江津先民在博大精深的水文化中蕴含了丰富的人文精神。

三、江津的人文精神

如何概括和提炼江津的人文精神？笔者认为应该从以下五个方面来考虑：一是江津的自然环境。仁山智水，这是江津人文精神产生的独特自然环境，能孕育出一代又一代的英豪和人杰，能熏陶人的灵性。地灵人杰、钟灵毓秀，就是这个道理。二是江津的经济社会环境。耕读传家，这是江津人文精神形成的独特经济社会环境，也是江津的历史文化渊源及精髓，更是区域内群体风格和品位所体现出的文化价值。众多江津籍的历史文化名人对江津大众的影响力具有巨大的文化价值。三是江津人文精神的积淀。忠义慈善，这是江津几千年传统人文精神的积淀，已形成了独特的人文风貌。四是江津人文精神的特征。包容开拓，这是江津历史上和近现代以来，经济社会发展、变化形成的与时俱进的人文精神特征，也是江津现在正在努力形成的价值取向和意志上的新的追求。由撤市设区，再到区域性中心城市的建设，江津近年取得了突飞猛进的发展。一江两岸、滨江新城、千亿工业强区、半小时江津、融入主城……这不仅是江津人民的追求和奋斗目标，更是江津人民敢于跨越、敢于拼搏和敢于开拓的精神的具体表现。五是江津的三个百分之十：重庆 100 个历史文化名人中，江津占 10%；20 世纪初，到法国勤工俭学的人数，全国 2 000 多人，四川 400 多人，江津 43 人，占全省 10%；重庆百岁老人中，江津占 10%。江津是全国第 25 个长寿之乡，也是重庆唯一的长寿之乡，开创了寿乡评选的三项“全国之最”，成为全国面积最大、人口最多、寿星分布最均衡的“中国长寿之乡”。截至 2017 年 5 月，江津有百岁老人 159 名，占重庆市百岁老人总数的 10%，其中最年长的已有 116 岁高龄。有权威调查表明，土壤富硒是江津人长寿的重要原因之一。但这不是根本原因，根本原因是江津人敬老爱老，子孝孙贤，家庭和睦，老人心情舒畅，方能长寿。

从以上五个方面可以说明什么问题？那就是江津文化土壤深厚、尊教崇文悠久、开放意识鲜明、仁义孝道真挚。人的社会存在决定人的意识，“地灵”方能“人杰”。母亲河长江横贯全域，有水运舟楫之便；是四川盆地“金三江”（温江、内江、江津）之一，富庶的鱼米之乡；充沛的木材资源和丰富的矿产资源使江津的工业得以发展（明代，江津县以铸造业著称，曾制造三门口径 47～60 厘米的城防大炮“三将军”，现藏于三峡博物馆）。同时具备这三种自然条件的地方在四川盆地不多，在中国也不多。这三个条件的结合，使江津不仅土地肥沃适合农耕而且利于工业发展，可以在农耕社会实现自给自足。

江津人文精神的源头是传统农耕文化与水运文化的融合。“继祖宗一脉真传克勤克俭，教子孙两行正路惟读惟耕”，这是农耕文化的精髓。克勤克俭，务必勤奋勤劳，务必节俭持家；惟读惟耕体现为尊教崇文，精耕细作。传统农耕文化是基础，独特的水运文化形成了江津人文精神的显著特征。江津水运文化主要体现在以下四方面：其一，在生存方式上，质朴坚强，勤劳勇敢，始终有一股进取精神，无论遇到什么困难都不屈不挠；其二，在行为取向上，重义气，讲豪爽，敢担当，把耿直当作最佳人格；其三，在人际关系上，重团结，讲诚信，能协作，特别注重友情和乡情，为朋友可以慷慨解囊；其四，在语言应用上，直言快语，声宏音亮，通俗明白，富于人性和生活气息。

综上所述，暂且把江津人文精神概括和提炼为：尊师重教，崇文自信；忠孝勤劳，重农厚工；勇敢进取，仁义开明；诚信包容，跨越开拓。

几水述说烟雨风云，鼎山空留春秋回声。江津是一座四桥飞跨、一江两岸、美不胜收的山水之城，是具有悠久历史、灿烂文化、光荣革命传统和优秀人文精神的历史文化名城。今天，江津人以包容、开放、豪迈的性格，勤劳、朴实、诚信的作风，谱写了辉煌壮丽的诗篇，弘扬崇文尚教、耕读传家的精神，树立了巴蜀商埠、求知求进、爱国爱家的城市形象。新时代的帅乡儿女，不忘初心，牢记使命，砥砺前行于路上。

（作者为重庆市江津区水利局副调研员，重庆市江津区水利学会秘书长，重庆市水文化专家库成员）

《西南水文化》征稿启事

《西南水文化》是由《西南水文化》丛书编委会编纂，由大禹水文化网（www.cn-waterculter.com）、重庆森嘉科技发展有限公司主办和公开出版，旨在为传播、弘扬和交流西南水文化搭建平台，我们真诚期待您赐稿。

一、研究内容

研究内容立意新颖，观点明确，内容充实，论证严谨，语言精练，资料可靠，能及时反映所研究领域的最新成果。

二、征稿范围

研究范围包含但不限于水利知识、水利人物、水利工程、水文化遗产、移民精神、少数民族水文化、治水思想、水的崇拜和信仰、水哲学、水美学、水文学艺术等，涵盖水文化的各个领域。

三、征稿形式

征稿一律为原创未发表论文。

四、征稿要求

1. 投稿邮箱：dayuswh@126.com

2. 论文格式顺序：标题、作者、正文、注释或参考文献。篇幅以4500—10000字为宜。

3. 稿件末尾附上通讯作者基本信息，包括姓名、性别、出生年月、学历、研究领域、所在单位、职称职务、联系方式，以及收件人所在地的省、市、区、街道名称，邮政编码，以上信息务必准确。

五、投稿须知

1. 只接受电子稿件，来稿一律通过电子邮件发送。

2. 本刊反对一稿多投及抄袭、剽窃等侵权行为，因作者的上述行为给本刊造成不良影响的，由作者承担全部责任。

3. 本刊拥有对来稿进行修改的权利，如不同意修改，请在来稿中注明。

4. 本网站常年征稿，来稿必复，来稿不退，15个工作日内未见通知可自行处理。来稿一经采用，编辑部将发出《用稿通知单》。

《西南水文化》编辑部

2019年9月